Jon Kabat-Zinn

Das Abenteuer Achtsamkeit

Jon Kabat-Zinn

Das Abenteuer Achtsamkeit

Wie Sie Weisheit für Körper,
Geist und Seele entwickeln

Aus dem Amerikanischen von Mike Kauschke

Der Inhalt der CDs wurde bearbeitet und gesprochen
von Lienhard Valentin.

arbor

Arbor Verlag
Freiburg im Breisgau

Wichtiger Hinweis
Die Ratschläge zur Selbstbehandlung in diesem Buch sind vom Autor sowie dem Verlag sorgfältig erwogen und geprüft worden. Dennoch kann eine Garantie nicht übernommen werden. Bei ernsthafteren oder länger anhaltenden Beschwerden sollten Sie auf jeden Fall einen Arzt, Psychotherapeuten, Psychologen oder Heilpraktiker Ihres Vertrauens zu Rate ziehen. Eine Haftung des Autors oder des Verlages für Personen-, Sach- und Vermögensschäden ist ausgeschlossen.

Die Originalausgabe erschien unter dem Titel:
Adventures in Mindfulness with Jon Kabat-Zinn

2. Auflage 2016

Titelfoto: © Robert Red /Shutterstock.com
Lektorat: Lothar Scholl-Röse und Anne Nordmann
Druck und Bindung: Kösel, Krugzell
Hergestellt von mediengenossen.de

Dieses Buch wurde auf 100 % Altpapier gedruckt und ist alterungsbeständig.
Weitere Informationen über unser Umweltengagement finden Sie unter
www.arbor-verlag.de/umwelt

www.arbor-verlag.de

ISBN 978-3-86781-114-9

Inhalt

1 Was ist Achtsamkeit?

Die Landschaft unseres Seins

Achtsamkeit ist eine besondere Form der Aufmerksamkeit. Einfach gesagt bedeutet Achtsamkeit nicht urteilendes Gewahrsein von Moment zu Moment. Wir kultivieren Achtsamkeit, indem wir bewusst im gegenwärtigen Augenblick aufmerksam sind. Dabei beurteilen wir unsere Erfahrung nicht nach gut oder schlecht oder danach, ob wir diese Erfahrung mögen oder nicht mögen.

Das ist leichter gesagt als getan. Wenn wir es versuchen, bemerken wir, dass wir unsere Erfahrungen gewohnheitsmäßig ständig bewerten. Und selbst, wenn wir uns vornehmen, uns mit Urteilen zurückzuhalten, können wir diesen Zustand nicht lange aufrechterhalten, wenn sich kein gutes Gefühl oder Ergebnis einstellt. Doch so ein angenehmes Gefühl ist ja schon wieder eine Wertung, weil wir es als „gut" oder „angenehm" bezeichnen. So sind wir unbemerkt schon wieder ins Urteilen gerutscht.

Das ist ganz normal, so ist unser Geist einfach beschaffen – bis wir beginnen, ihn aufmerksam zu beobachten und uns mit der Landschaft unseres eigenen Seins vertraut zu machen. Das können wir tun, indem wir uns Zeit für uns selbst nehmen, in all den Formen, die wir in diesem Buch und den geführten Meditationen, die es enthält, kennenlernen werden.

Wir können uns Achtsamkeit auch als ein Gefühl vorstellen, ein Gefühl, das alle anderen Gefühle umfasst und trägt. Es ist also kein bestimmtes Gefühl oder ein besonderer Zustand, es ist kein Gedanke und keine bestimmte Denkweise.

Ich persönlich stelle mir Achtsamkeit auch gern als einen großen Kessel vor, der alles in sich aufnimmt, was wir hineintun. Wenn wir die Zutaten im Kessel lassen, kochen sie von alleine. Achtsamkeit ist etwas zutiefst Gutes und Lebensbejahendes. Menschen, die Achtsamkeit eine Weile praktizieren, neigen dazu, sie als ein subtiles und wunderbares Geschenk anzusehen. Der vietnamesische Zen-Meister und Friedensaktivist Thích Nhât Hanh spricht von dem „Wunder der Achtsamkeit". Damit meint er das, was Henry David Thoreau in seinem Buch *Walden* als das „Erblühen des gegenwärtigen Augenblicks" bezeichnet hat. Wir können dieses Erblühen leicht verpassen, aber damit verpassen wir auch unser Leben, denn wir können unser Leben nur in einzelnen Augenblicken leben – und wir erfahren nur einen Moment nach dem anderen.

Dieser Moment, genau jetzt, ist also entscheidend, denn nur in diesem Moment leben wir. Deshalb ist die Aufmerksamkeit im gegenwärtigen Moment so wichtig: Es ist der einzige, den wir je erfahren werden – um zu leben, um etwas zu fühlen, um zu wachsen oder geheilt zu werden, um zu lernen oder um unsere Gefühle zum Ausdruck zu bringen.

Achtsamkeit ist ein Wunder, weil wir alle ein Wunder sind. Die Qualität dieses Wunders, das uns immer innewohnt, ist uns in Wahrheit zutiefst vertraut und grenzenlos verfügbar. Aber leider können wir dies leicht vergessen, übersehen oder ignorieren. Die Konsequenzen dieses Ignorierens sind umfassend, tief greifend und letztendlich ungesund für uns selbst und für die Gesellschaft, in der wir leben, arbeiten und zu der wir durch unsere Energien beitragen. Man könnte sagen, dass dieses Ignorieren zu einer Form der Unklarheit und Unwissenheit führt, die unser Leben dauerhaft überschatten kann. Möglicherweise vergessen wir, wer wir wirklich sind. Wir verlieren den Kontakt zu unseren leuchtenden Qualitäten, zu unserem Herzen und unserem eigenen Lebensweg – dem Weg, den zu gehen uns bestimmt ist. Dieser erfordert die Entschlossenheit, außerhalb der Schatten von Platons traumgleicher Höhlenwelt zu leben.

Platon beschreibt in seinem bekannten Höhlengleichnis Menschen, die im Inneren einer Höhle angekettet sind und eine Wand betrachten. Auf dieser Wand sehen sie Reflexionen des Lichtes, das in die Höhle hineinscheint. Die Menschen sind schon so lange in der Höhle, dass sie glauben, diese Reflexionen seien die Wirklichkeit. Sie erschaffen sich eine eigene Welt aus den Schatten, die an der Höhlenwand entlang tanzen. Einer der Menschen kann aus der Höhle entkommen und entdeckt, dass es außerhalb der Höhle eine ganze Welt gibt, die die Schattenwelt der Höhle an Licht und Lebendigkeit bei Weitem übersteigt. Der entkommene Mensch kehrt zu den anderen in die Höhle zurück und erzählt ihnen davon, aber sie glauben ihm nicht. Wir sehen also, dass wir in Zuständen der Unwissenheit gefangen sein können, in denen wir denken, die Welt existiere nur in einer bestimmten Weise. Dann werden wir zu Gefangenen unseres eigenen Denkens. Wir stecken darin fest, sind gewissermaßen versklavt, weil wir uns nicht des gesamten Potenzials unseres Menschseins bewusst sind. Dieses Verlieren der Verbindung zu unserem Menschsein führt meist zu einem Zustand des Unglücklichseins; einem Zustand, der uns von uns selbst und anderen trennt, uns isoliert und unsere innere Klarheit verdeckt.

Manchmal fragen Menschen, ob es Situationen gibt, in denen es hilfreich ist, aus der Wirklichkeit zu entfliehen oder sich vor der Welt zu verschließen. Ich glaube, die Antwort lautet „Ja, manchmal ist das hilfreich." Zum Beispiel in Situationen, in denen Kinder missbraucht werden. Sie finden ihren eigenen Weg, um mit diesem Schrecken und Albtraum umgehen zu können. Oft gehört dazu auch die Dissoziation. Dies ist ein Überlebensmechanismus, wenn die ganze Welt um einen herum aus den Fugen geraten ist und dem Wahnsinn gleicht, wenn jegliches Vertrauen verloren ist und jede Form der Wertschätzung von Empathie und Mitgefühl fehlt. In unsere Klinik kommen oft Menschen, die solch eine Kindheit erlebt haben.

In bestimmten Situationen ist Leugnen und Abschotten einfach das Beste, was wir tun können. Manchmal ist ein Erlebnis so schlimm, dass Menschen verschiedene Teile von sich abspalten: Der eine Teil ist beim Missbrauch anwesend, aber die anderen Teile des Menschen sind irgendwo anders. Das führt natürlich zu allen möglichen psychischen Problemen, doch wir sprechen hier von grundlegenden Überlebensmechanismen.

In jedem Leben gibt es aber einen Moment, in dem die Heilung von traumatischen Erfahrungen sehr wichtig wird, auch wenn es sich nicht um so schreckliche Erlebnisse wie sexuellen Missbrauch oder körperliche Misshandlung im Kindesalter handelt. Kaum jemand geht durch die ersten dreißig Jahre seines Lebens ohne einige schwere traumatische Erfahrungen gemacht oder Situationen erlebt zu haben, in denen er sich betrogen fühlte oder eine tiefe Trauer erfahren hat. Diese Erfahrungen wirken auch dann, wenn wir uns ihrer nicht bewusst sind.

Ist es also manchmal einfach in Ordnung, die Haltung einzunehmen, dass Unwissenheit ein Segen ist? Eine Haltung, in der wir ein Problem leugnen und sagen: „Ja, ich weiß, dass es da ein Problem gibt, aber ich möchte jetzt einfach davor flüchten und nicht daran denken." In der Achtsamkeit gibt es viel Raum dafür, das Beste zu tun, was wir können. Und meiner Ansicht nach gibt es auch den Raum für solch eine Reaktion. Aber wenn viele solcher unverarbeiteten Erfahrungen unter der Oberfläche unseres Geistes liegen, dann ist dieses Leugnen, indem wir einfach nicht auf sie achten, kein Weg für Heilung oder für ein erfolgreiches, glückliches Leben. Die negativen Wirkungen dieser Erlebnisse werden sich früher oder später zeigen.

Der kleine schwarze Beutel

Der Dichter Robert Bly hat in diesem Zusammenhang ein wunderbares Bild im jungschen Sinne von einem kleinen schwarzen Beutel geprägt. Dieser Beutel ist laut Bly an unserer Hüfte befestigt, wir werden schon mit ihm geboren. Wenn wir aufwachsen und die Menschen um uns herum bestimmte Dinge an uns nicht mögen, oder wenn wir versuchen, es unseren Eltern recht zu machen, weil wir ein braves Kind sein wollen, dann stopfen wir den Teil von uns, den wir ablehnen, in den Beutel. Wir sind sehr sensibel dafür, wie uns die Gesellschaft wahrnimmt und wie andere Menschen uns sehen. Wenn wir älter werden, stopfen wir noch mehr Aspekte von uns in den Beutel; lauter Dinge, die wir für nicht akzeptabel halten. Und wenn wir aufs Gymnasium gehen, ist der Beutel vielleicht schon einen Kilometer lang, voll von allen möglichen Aspekten von uns, die wir niemandem zeigen wollen. Irgendwann vergessen wir dann, dass der Beutel überhaupt da ist. Wir spüren Minderwertigkeitsgefühle oder Verzagtheit und denken: „Das könnte ich nie", oder: „Das ist zu schwer für mich".

Wir haben uns selbst klein gemacht und auf einen sehr begrenzten Teil dieses wunderbaren, erblühenden Wesens reduziert, das wir als Baby und kleines Kind gewesen sind – bevor wir vermittelt bekamen, dass wir nur gut sind, wenn wir nachts durchschlafen und dieses oder jenes tun oder nicht tun. (Wir nehmen solche Informationen auf, noch bevor wir sprechen können. Wir verstehen sie nonverbal und sie haben einen enormen Einfluss auf unser Selbstwertgefühl.)

Wenn wir dann ins Berufsleben einsteigen, ist der Beutel vielleicht schon vier Kilometer lang, voll mit all den Dingen, die wir nicht anschauen wollen oder die wir uns anderen Leuten nicht zu zeigen trauen, noch nicht einmal unserem Partner oder unserer Partnerin. Wenn wir montagmorgens zur Arbeit gehen, dann schleppen wir diesen langen Beutel hinter uns her. Wir sehen ihn vielleicht nicht, aber nichtsdestotrotz ist er da und hängt wie ein schweres Gewicht an uns – und wir wundern uns, warum wir keine Lust haben zu arbeiten… Wir tragen so viel mit uns herum, so viel Dunkelheit und Trauer. Vieles davon vergiftet uns. Und je länger es in dem Beutel bleibt, desto giftiger wird es.

Ist es also sinnvoll, immer wieder in den Beutel zu schauen und ihn möglicherweise auch zu öffnen, um etwas von diesen giftigen Inhalten herauszulassen? Ja, natürlich! Sollten wir alles auf einmal herauslassen? Wahrscheinlich nicht. Aber durch die Praxis der Achtsamkeit können wir große Mengen davon herauslassen, ohne dass wir davon überwältigt werden. Denn die Anleitungen zur Achtsamkeit helfen uns, im Gleichgewicht zu bleiben. Wenn etwas aus dem Beutel herauskommt, dann beobachten wir es einfach, selbst wenn damit sehr viel emotionales Chaos verbunden ist.

Wir hatten Menschen bei uns in der Klinik, die jahrelang in psychotherapeutischer Behandlung waren, und die in den acht Wochen bei uns eine größere Erleichterung ihrer Symptome erfahren haben als in acht Jahren Psychotherapie. Das heißt aber nicht, dass es hier um ein Entweder-oder geht; Psychotherapie und Achtsamkeit lassen sich sehr gut miteinander kombinieren.

Mithilfe der Anleitungen zur Meditation können wir uns daran erinnern, dass alles, was aus dem Beutel herauskommt, einfach Dinge sind, die sich jetzt zeigen: Es sind lediglich Gedanken oder Gefühle im Geist und wir sind nicht mit ihnen identisch. Wenn ich mich damit identifiziere, dann sind es *meine* Gedanken, *meine* Gefühle oder *meine* Schmerzen. Dann habe ich ein Problem. Aber dieses „ich“ und „mein“ ist überflüssig. Wir können es loslassen und dadurch eine tiefe Befreiung erfahren.

Im Allgemeinen haben wir gute regulative Mechanismen, aufgrund derer wir uns nur so tief in den schwarzen Beutel begeben, dass wir mit dem, was wir dort entdecken, auch umgehen können. Vielleicht wollen wir nur den kleinen Zeh hineinhalten, vielleicht auch nur für dreißig Sekunden. Aber mit der Zeit können wir unsere eigenen Schatten, unsere dunklen Seiten, annehmen und uns für sie öffnen. Und je mehr wir uns diesen Schatten öffnen, desto eher verschwinden sie einfach. Wir müssen all diese

Probleme aus dreißig oder vierzig schweren Jahren unseres Lebens nicht lösen – sie werden von selbst verschwinden. Warum? Weil wir als Menschen von Natur aus selbstregulierende, selbstheilende Lebewesen sind.

Das gilt für alle Aspekte unseres Seins. Der Körper, der Geist, die Seele und unser tieferes Selbst existieren nicht getrennt voneinander. Sie sind Teil einer Wirklichkeit, die ein nahtloses Ganzes ist. Sie ist immer ganz, auch wenn wir tiefe Narben aus der Kindheit in uns tragen. Die Frage ist also, ob wir uns dieser Ganzheit öffnen können, denn das wird uns zur Heilung führen.

Die Herausforderung

Es gibt ein großartiges Buch von David Whyte mit dem Titel *The Heart Aroused.* Whyte ist ein Dichter, der versucht, die Menschen in der amerikanischen Wirtschaftswelt wieder mit der Essenz ihres Seins zu verbinden. Während eines Seminars bat er die Teilnehmer, Gedichte über ihre Erfahrungen zu schreiben. Eine Frau las eines dieser Gedichte vor. Eine Zeile daraus lautet:

> *Vor zehn Jahren habe ich einen Moment lang weggesehen,*
> *und daraus wurde mein Leben.*

Dieses Risiko gehen wir ein, wenn wir nicht wirklich aufmerksam sind. Man folgt irgendeinem Lebensweg, wacht zehn Jahre später auf und fragt sich: „Wie konnte das nur geschehen? Wie bin ich hierher gekommen?" Dabei weiß man nur, dass man jetzt hier ist. Das Jetzt ist also der Ort, an dem wir stehen und mit dem wir arbeiten können. Bedauern ist im ersten Moment vielleicht ein angemessenes Gefühl, doch wenn wir es nicht irgendwann hinter uns lassen, wird sich unser Leben nicht ändern. Dann stecken wir wirklich fest.

Meiner Ansicht nach ist niemand jemals wirklich am falschen Ort. Die einzige Möglichkeit, um irgendwo anders hinzugelangen, ist die vollkommene Annahme des Hier und Jetzt – auch dann, wenn es sich nicht gut anfühlt. Aber es ist der Ausgangspunkt.

Diese Arbeit ist nicht leicht, doch es ist vielleicht die einzige Arbeit, die es wirklich wert ist, getan zu werden. Dabei muss sich nichts verändern, wir müssen nichts „machen", um diese Arbeit zu tun. Unser Leben entfaltet sich von alleine. Vielleicht reicht es schon, wenn wir wirklich anwesend sind. Das kann die größte Veränderung bewirken.

Und das ist die Herausforderung, die ich Ihnen hier anbiete: das Abenteuer des Lebens. T. S. Eliot formulierte es in *Vier Quartette* folgendermaßen:

Ein Zustand vollendeter Einfachheit
(Der nicht weniger kostet als alles)

Darum geht es.

Mit dieser Herausforderung haben auch unsere Patienten zu tun, wenn sie in die Klinik für Stressbewältigung kommen. Wir sagen ihnen, dass es stressig sein kann, sich in diesen Prozess zu begeben – Stressbewältigung kann stressig sein. Aber die positiven Effekte, die sich einstellen, wenn wir uns mit unserem eigenen Leben verbinden, sind enorm. C. G. Jung fand dafür folgende Worte: „Die Verwirklichung der Ganzheit erfordert unser ganzes Wesen. Einfacher geht es nicht, es gibt keinen leichten Weg, keine Abkürzungen und keine Kompromisse."

Den Menschen in unserer Klinik sagen wir – und zwar unabhängig davon, wie schwer ihre Situation ist oder wie schwierig oder hoffnungslos ihre Geschichte zu sein scheint –, dass aus unserer Sicht an ihnen mehr richtig als falsch ist, egal, was vielleicht „verkehrt" sein mag. Egal, in welcher Situation sie sich befinden, egal, wie schmerzvoll sich ihr Leben auch immer anfühlen mag: Sie können damit umgehen, wenn sie bereit sind, eine bestimmte Form von Arbeit zu tun. Es geht um eine innere Arbeit, die Arbeit mit sich selbst, die Kultivierung von Achtsamkeit und die Entwicklung von Selbstmitgefühl. Das ist allerdings einfacher gesagt als getan.

In diesem Buch mache ich Ihnen also folgenden Vorschlag. Wir können zusammen die Landschaft unseres Geistes und Körpers erforschen. Wir können herausfinden, wie dieser Prozess neues Licht und neue Hoffnung in unser Leben und die Art und Weise, wie wir es gestalten, bringt – in dem Maße, in dem wir überhaupt Einfluss auf unseren Lebensweg haben.

Hierbei geht es um eine lebenslange Reise, die wir nicht verpassen sollten. Denn immerhin ist es Ihr Leben – hier und jetzt, ganz egal, was auch geschieht. Dieser Aspekt des „Was auch immer geschieht" bewegte mich dazu, mein erstes Buch *Full Catastrophe Living* (Deutsch: *Gesund durch Meditation*) zu nennen – das Leben in all seinen Höhen und Tiefen. Ich wollte dem Buch keinen leichten, süßlichen Titel geben, denn Meditation ist wertlos, wenn sie nicht auch die dunklen und chaotischen, die schwierigen und schmerzvollen Momente in unserem Leben umfasst. Die Zeiten in denen sich der Schmerz und die Verzweiflung unendlich anfühlen; wenn wir unser Selbstvertrauen verlieren und nicht mehr zu hoffen wagen, dass sich die Dinge noch einmal zum Besseren verändern. Wenn Meditation uns nicht helfen kann, auch mit diesen Momenten gut umzugehen, und nicht davor zu flüchten, was für einen Wert hätte sie dann? Wäre Meditation dann nicht etwas, das uns am meisten hilft, wenn wir am wenigsten Hilfe brauchen, das aber versagt, wenn es wirklich schwierig wird?

Die Menschen, die in unsere Klinik für Stressbewältigung am *University of Massachusetts Medical Center* kommen, werden oft von ihren Ärzten zu uns überwiesen, um sich einigen dieser Herausforderungen ihres Lebens zu stellen. Sie kommen nicht zu uns, weil es ihnen so gut geht, und sie es nun nur noch besser machen wollen. Sie kommen zu uns, weil sie Schmerzen haben. Sie fühlen, dass es etwas gibt, das zwischen ihnen und einem gelingenden Leben steht. Der Schmerz kann körperlicher Art sein, aufgrund einer Krankheit oder eines Unfalls. Weitaus größer ist aber oft der emotionale und der seelische Schmerz.

Jeder von uns hat ein gewisses Maß an emotionalem Schmerz in sich. Oft tragen wir ihn jahrzehntelang im Verborgenen in uns, doch in bestimmten Situationen zeigt er sich. Dieser Schmerz trennt uns auch von unseren Erfahrungen, weil wir vor allem zurückschrecken, was uns noch mehr Schmerz zufügen könnte. Da wir alle sterblich sind, müssen wir uns früher oder später der Tatsache stellen, dass wir – und schlimmer noch, auch diejenigen, die wir am meisten lieben –, nicht immer hier sein werden. Und dass wir weder unsere Liebsten noch uns selbst vollkommen vor den unangenehmen Aspekten und den Gefahren des Lebens schützen können.

Als Alexis Sorbas in dem gleichnamigen Film von einem unbedarften jungen Mann gefragt wurde: „Bist du verheiratet?“, antwortete er sinngemäß: „Bin ich etwa kein Mann? Natürlich bin ich verheiratet! Ich habe eine Frau, Kinder, ein Haus, die ganze Katastrophe.“ Das ist nicht nur witzig gemeint, aber es ist auch keine Klage. Es ist eher eine Feststellung dessen, was es heißt, Mensch zu sein, einschließlich dessen, was wir selbst daraus machen und wie wir damit umgehen.

Meditation bedeutet, dass wir wirklich die ganze Katastrophe umarmen … und mit ihr tanzen. Wir arbeiten mit dem, was sich zeigt, egal, wie schmerzvoll oder schwierig es sein mag. Es ist immer besser, hinzuschauen und den Schmerz zu erfahren, wenn er sich zeigt. Denn in dem Moment, wenn er sich zeigt, ist er eben das, was gerade anwesend ist: Das ist jetzt unsere Erfahrung, das geschieht gerade in unserem Leben.

Würden wir das nicht tun, wären wir gezwungen, uns abzuwenden, etwas zu verbergen, uns zu betäuben oder in irgendeiner Weise unser eigenes Leben und unsere Gefühle zu leugnen – und uns dadurch vielleicht von dem Lebensweg abwenden, der unserer ist. Dadurch aber würden wir uns von dem Leben abwenden, das nur wir leben können.

Der Moment der Wahrheit kommt, wenn wir an dieser Abzweigung stehen, an der sich der Weg zeigt, den wir nicht gehen wollen, weil wir Angst haben. So wie es der Dichter Robert Frost beschreibt: „Weil es der Weg ist, den nur wenige gehen.“ Wenn wir diesen Weg nicht gehen, ist es gut möglich, dass wir unseren wahren Weg und unser wahres Potenzial verfehlen. Viele Jahre später werden wir vielleicht voller Traurigkeit an diesen Moment zurückdenken und es bereuen:

Vor zehn Jahren habe ich einen Moment lang weggesehen, und daraus wurde mein Leben.

Haltloses Umhertreiben

Wenn ich an die letzten dreißig Jahre meines Lebens zurückdenke und mich daran erinnere, was mich zur Meditation, zum Yoga und zu den Kampfkünsten gebracht hat, die allesamt als Bewusstseinsübungen bezeichnet werden können, dann kommt mir besonders eines in den Sinn: Das Gefühl, in meinem Leben haltlos umherzutreiben. Wie durch eine Art Schleier war ich getrennt von der Wirklichkeit meines Lebens und dem, wer ich in Wahrheit war. Manchmal schien der Schleier dünn, aber manchmal auch sehr dick, undurchlässig und erdrückend.

Dieses Gefühl bereitete mir in meinen Zwanzigern viel Leid, ich fühlte mich verloren und wusste nicht, was ich mit meinem Leben anfangen sollte. Als Reaktion darauf fing ich an, nach Erfahrungen zu suchen, die mich begeistern würden. Ich wollte richtig erwachen, ich wollte ein Gefühl von Zugehörigkeit und Verbundenheit spüren und nicht länger isoliert sein. Mein Dasein sollte endlich einen Sinn und einen Wert haben. So ein Wunsch ist zwar verständlich, aber wir können leicht unser ganzes Leben damit verbringen, nach Erfahrungen zu suchen, von denen wir uns erhoffen, dass sie uns glücklich machen. Und dann kann es passieren, dass wir die Erfahrungen, die wir gerade machen, verpassen. Die Welt kann uns nicht das geben, wonach wir suchen, denn sie hat es uns schon gegeben.

Mein erster Meditationslehrer und die Erfahrungen, die ich mit ihm gemacht habe, haben mir gezeigt, dass sich nichts verändern muss, damit wir uns wirklich mit uns selbst verbunden fühlen. Wir müssen nur wach und bewusst sein, statt im Autopilot-Modus umherzulaufen. Wir brauchen nichts zu tun und nirgendwo hingehen. Das ist für die meisten von uns schwer zu verstehen. Wir müssen nur aus dem automatischen Tun, dem automatischen Denken und den Emotionen, in denen wir uns so leicht verlieren, herauskommen und stattdessen eine Haltung annehmen, in der wir nur *sind*. Jetzt und hier gibt es nichts anderes zu tun, als wach zu sein.

Dieser Schritt ist zwar einfach, aber er braucht etwas Übung und Entschlossenheit. Deshalb wird Meditation auch als eine Disziplin bezeichnet. Die nötige Entschlossenheit umfasst auch die Bereitschaft, unser Sein im Körper zu verwurzeln, denn nur so können wir uns mit unserem Körper verbinden.

In der Interview-Reihe *The Power of Myth* sagt der Mythologe Joseph Campbell etwas sehr Beeindruckendes. An einer Stelle sagt der Journalist Bill Moyers zu ihm, er glaube verstanden zu haben, warum es in allen Kulturen Mythen gäbe: weil Mythen etwas Tiefes über die innere Bedeutung des Lebens aussagen und sich die Menschen so sehr nach einem Sinn des Lebens sehnen. Campbell antwortet darauf, dass er nicht der Ansicht sei, dass die Menschen vor allem einen Sinn erfahren wollten. Die Menschen würden zwar behaupten, dass sie nach dem Sinn des Lebens suchen, aber darum gehe es in Wahrheit nicht. Wonach sie tatsächlich suchten, sei die Erfahrung *lebendig zu sein*.

Wenn man darüber nachdenkt, erscheint diese Aussage paradox, denn wir sind doch bereits lebendig. Was meint Campbell also? Ich denke, dass er auf eine Form des Lebens anspielt, in der wir meist in besagtem Autopilot-Modus unterwegs sind und eher schlafen, als wirklich wach zu sein. Oft sind wir nicht mit dem verbunden, was in unserem Leben das Tiefste und Bedeutsamste ist, deshalb sehnen wir uns nach etwas „Echtem". Achtsamkeit ist eine Möglichkeit, um wirklich aufzuwachen und in der Realität anzukommen, solange wir noch in der Lage sind, sie zu leben.

Blaise Pascal sagte einmal: „Ich habe entdeckt, dass alles Unglück der Menschen von einem einzigen herkommt: dass sie es nämlich nicht verstehen, in Ruhe in einem Zimmer zu bleiben." Wenn wir diesen Satz auf uns wirken lassen, spüren wir vielleicht eine gewisse Resonanz darauf. Denn es ist gar nicht so einfach, allein still in einem Raum zu sitzen. Der Geist möchte, dass etwas geschieht, und der Körper wird unruhig.

Die Absicht dieses Buches

In diesem Buch möchte ich Sie einladen, dass wir zusammenarbeiten, um die Landschaft unseres Geistes gemeinsam zu erkunden. So wie bei den Menschen, die zu uns in die Klinik kommen oder an Workshops oder Retreats teilnehmen, um Achtsamkeit zu praktizieren, geht es auch hier darum, dass Sie aktiv werden. Es wird nicht genügen, wenn Sie lediglich diese Texte lesen. Denn niemand als Sie selbst kann Ihnen die Praxis, das regelmäßige Üben, abnehmen. Das ist eine echte Herausforderung. Für mich bedeutet es nichts weniger, als dass genau in diesem Moment, in dem Sie das hier lesen, die Sache beginnt. Genau jetzt ist der einzige Moment, in dem Sie anfangen können – wenn Sie bereit sind.

Es ist nichts weniger als der Beginn Ihres restlichen Lebens. Denn Achtsamkeit zu üben ist eine Arbeit, die tatsächlich Ihr ganzes Leben lang dauern wird. Aber Sie haben ausreichend Zeit für diese Praxis, selbst wenn Sie morgen sterben sollten.

Für manche ist dies ein spiritueller Weg, weil Achtsamkeit eine Form der Meditation ist und Meditation wiederum oft als eine spirituelle Disziplin verstanden wird. Es ist völlig in Ordnung, dies so zu sehen. Ich selbst aber versuche, solche Formulierungen und das dahinter liegende Denken zu vermeiden. Durch die Kraft dieser Worte gibt es die Tendenz, dass die Praxis der Meditation auf ein bestimmtes Ziel reduziert wird. Sie kann eine Art Rezeptcharakter bekommen: „Tun Sie dies, dann werden Sie das erfahren." Mit „das" sind dann oft innerer Frieden, Erleuchtung, Einheit, Gnade oder sogar Heilung gemeint.

Die Schwierigkeiten einer solchen Denkweise liegen für mich darin, dass es meistens nur beim Denken bleibt, das dann zu einer Art Wunschdenken wird.

Wie wir in diesem Buch immer wieder sehen werden, bleiben wir oft in unseren Gedanken stecken und halten sie fälschlicherweise für die wahre Landschaft des Lebens. Sich selbst für einen spirituellen Menschen zu halten oder sich gar öffentlich so zu bezeichnen, ist möglicherweise genau das Gegenteil davon, wirklich spirituell zu sein.

Die Suche als solche ist problematisch. Wir alle wissen, dass es Sucher und Finder gibt, aber niemand von uns möchte jemand sein, der sucht und nicht findet. In diesem Bereich, um den es hier geht, ist das, was Sie suchen, schon in Ihnen. Deshalb spreche ich lieber davon, etwas zu erforschen – vom Erforschen dessen, was es bedeutet, voll und ganz Mensch statt ein „spirituelles Wesen" zu sein. In manchen Fällen verwende aber auch ich das Wort „spirituell" und benutze Begriffe wie Seele und Herz, und zwar dann, wenn ich bestimmte Bereiche der menschlichen Erfahrung ansprechen möchte. Doch in so einem Fall versuche ich immer auch zu verdeutlichen, was genau ich damit meine. Ich nutze diese Begriffe, um Bilder in Ihnen hervorzurufen. Dafür greife ich manchmal auch auf die Poesie zurück. Poesie kann uns helfen, mit einem bestimmten Wissen in uns in Verbindung zu kommen, das vom Lärm unseres Geistes und der Leere oder Fülle unseres Herzens ignoriert oder verdrängt wird.

Und noch etwas: Wir müssen uns von der Vorstellung verabschieden, dass Meditation, Achtsamkeit oder die Kultivierung von innerer Stille und Klarheit etwas Östliches sei – es ist vielmehr etwas allgemein Menschliches. Menschen in allen Kulturen und zu allen Zeiten haben diese Landschaft in verschiedener Weise entdeckt und erforscht. Thoreaus *Walden* ist eine Hymne auf die Achtsamkeit, auf die Natur, die Stille und die Einfachheit. Ralph Waldo Emerson, Walt Whitman, Emily Dickinson, Mary Oliver,

T. S. Eliot, Rainer Maria Rilke, Pablo Neruda, Ludwig van Beethoven und unzählige andere Dichter, Künstler und „gewöhnliche“ Menschen kannten und kennen diese Landschaft aus eigener tiefer Erfahrung.

Meine Hoffnung ist, dass wir diese Landschaft gemeinsam erkunden werden und dabei zusammenarbeiten, um Achtsamkeit in unserem Leben zu kultivieren. Ganz ähnlich, wie wir Blumen oder Gemüse in einem Garten kultivieren. Tatsächlich ist der Garten eine alte Metapher für das Leben. Und Arbeit im Garten ist die innere Arbeit, die notwendig ist, um die volle Pracht und verborgene Schönheit zum Erblühen zu bringen, die in den kleinen Samen und Setzlingen enthalten ist.

Der indische Sufi-Dichter Kabīr aus dem 15. Jahrhundert war zutiefst mit dieser Energie der Achtsamkeit verbunden und hat sie so beschrieben:

Geh' nicht in den Garten der Blumen!
Lieber Freund! Gehe nicht dorthin.
In deinem Körper ist ein Garten der Blumen.
Nimm Platz auf den tausend Blättern des Lotos
und dort betrachte seine unendliche Schönheit.

2 Die Erfahrung der Lebendigkeit

Befreiung und innere Sicherheit

Am 18. April 1980 stieß ich am Frühstückstisch auf ein Zitat in der *New York Times*. Es war der 25. Todestag von Albert Einstein und zu diesem Anlass wurde eine ganze Reihe von Artikeln über den großen Wissenschaftler veröffentlicht. Aber dieses eine Zitat hat mich fast vom Stuhl gehauen.

Ein Rabbi hatte an Einstein geschrieben, weil er vergeblich versucht hatte, seine neunzehnjährige Tochter über den Tod ihrer Schwester hinwegzutrösten, die er als unschuldiges, wunderschönes sechzehnjähriges Kind beschrieb. (Hier haben wir sie wieder, die ganze Katastrophe, diesmal in Form des Todes eines Kindes.)

Ratsuchende aus aller Welt schrieben an Einstein, weil er als der klügste Mann der Welt galt. Deshalb hatte sich auch der Rabbi an ihn gewandt, der ja selbst ein Geistlicher war. Einstein, ein sehr einfühlsamer, gütiger und mitfühlender Mensch, hat vielen dieser Menschen persönlich geantwortet. An den Rabbi schrieb er: „Der Mensch ist ein Teil des Ganzen, das wir ‚Universum‘ nennen, ein in Raum und Zeit begrenzter Teil."

Ich finde es sehr interessant, dass der Mann, der in der Physik unsere Vorstellung von Raum und Zeit vollkommen revolutioniert hat, sagt, dass wir Menschen Teil eines größeren Ganzen sind. Aber eben ein Teil, der zeitlich begrenzt ist, weil wir geboren werden und sterben. Wir sind sozusagen nur ein kurzes Aufflackern im Universum. Wir erscheinen im Raum und in der Zeit als dieses begrenzte Wesen, das wir als unseren Körper bezeichnen. Einstein schrieb weiter: „Er erfährt sich selbst, seine Gedanken und Gefühle als abgetrennt von allem anderen – eine Art optische Täuschung des Bewusstseins. Diese Täuschung ist für uns ein Gefängnis, da sie uns auf unsere eigenen Vorlieben und auf die Zuneigung zu wenigen Nahestehenden beschränkt. Unser Ziel muss es sein, uns aus diesem Gefängnis zu befreien, indem wir den Horizont unseres Mitgefühls erweitern, bis er alle lebenden Wesen und die gesamte Natur in all ihrer Schönheit umfasst. Niemand kann das vollkommen erreichen, aber das Streben nach solch einer Errungenschaft ist selbst schon ein Teil der Befreiung und eine Grundlage für innere Sicherheit."

Hier spricht einer der größten Physiker der Menschheit über Befreiung und innere Sicherheit. Was meint er damit? Ich glaube nicht, dass Einstein von einer Lebensversicherung redet. Er sagt, dass wir unser Getrenntsein auf eine Weise betrachten, die uns isoliert, wodurch es absolut wird und uns vom Ganzen abschneidet. Wenn es uns hingegen gelingen würde, uns selbst als ein Ganzes zu erkennen, das vollkommen in größeren Ganzheiten eingebettet ist, dann wären wir nicht mehr in unserem selbst geschaffenen Gefängnis eingesperrt. Wir wären nicht mehr gefangen in der Angst vor unserer eigenen Sterblichkeit, der Angst vor Verlust, Trennung und Isolation. So klar, wie es Einstein hier ausdrückt, habe ich es noch von keinem Zen-Meister, Philosophen oder Dichter gehört. Das ist wirklich bemerkenswert!

Einstein hatte einen sehr engen Freund namens Michele Angelo Besso, ein Ingenieur, mit dem er in Zürich studiert und zusammengearbeitet hat, und der während der Entstehung der Relativitätstheorie sein wichtigster Dialogpartner war. Als Besso starb, schrieb Einstein an dessen Familie:

„Nun ist er mir auch mit dem Abschied von dieser sonderbaren Welt ein wenig vorausgegangen. Das bedeutet nichts. Für uns gläubige Physiker hat die Scheidung zwischen Vergangenheit, Gegenwart und Zukunft nur die Bedeutung einer, wenn auch hartnäckigen, Illusion."

Das zeigt, dass Einstein die Haltung, die er in seinem Brief an den Rabbi vertrat, offenbar auch selbst gelebt hat. Er hat verstanden, dass unsere Vorstellungen von Vergangenheit, Gegenwart und Zukunft begrenzt sind. Oft schränken uns solche Denkweisen ein und halten uns unnötig gefangen. Achtsamkeit ist ein Weg, um sich mit sich selbst und dieser Ganzheit wieder zu verbinden. Dieser Weg steht in enger Verbindung mit dem, was wir mit dem Wort „Heilung" meinen. Denn Heilung bedeutet Ganzheit – im Englischen sind die Wörter *healing* (Heilung), *holy* (heilig), *wholeness* (Ganzheit) und *health* (Gesundheit) sehr eng miteinander verbunden, sie haben alle die gleiche Wurzel mit der Bedeutung, ganz oder vollkommen zu sein.

Heilung hat also eine umfassendere Bedeutung als „Gesundwerden", denn manchmal können wir eine Krankheit nicht vollkommen überwinden. Heilung bezieht sich auf den ganzen Menschen, deshalb kann auch jemand „ganz" sein, der im Sterben liegt. Auch ein Mensch, der ein Bein oder einen anderen Körperteil verloren hat, kann ganz sein. Es geht dabei um eine innere Ausrichtung auf das eigene Sein, wobei wir unser Sein nicht vollkommen mit unserem Körper identifizieren.

Stressbewältigung durch Achtsamkeit (MBSR = Mindfulness-Based Stress Reduction)

In den letzten 35 Jahren hatte ich die Gelegenheit und die Ehre, direkt und indirekt mit Tausenden von Menschen zusammenzuarbeiten, die in die Klinik für Stressbewältigung an der Universität von Massachusetts kamen. Wie ich schon erwähnt habe, werden sie oft von ihren Ärzten zu uns überwiesen, und zwar wegen ganz unterschiedlicher medizinischer Probleme, wegen chronischen Krankheiten, Störungen, die mit Stress zusammenhängen oder einem Schmerzsyndrom. Wir vermitteln ihnen eine Methode, die wir als *Achtsamkeitsbasierte Stressbewältigung* bezeichnen. In der Klinik hat sie die Form eines achtwöchigen Kurses, in dem wir den Patienten zeigen, wie sie ihre eigenen tiefen Ressourcen nutzen können, um zu lernen, zu wachsen und zu heilen. Dabei beginnen wir genau an dem Punkt, an dem sie in ihrem Leben gerade stehen, in der Situation, mit der sie konfrontiert sind – egal, wie bedrohlich, überwältigend oder scheinbar hoffnungslos diese Situation auch sein mag.

Wir sehen das als eine Ergänzung zu den traditionellen medizinischen Behandlungen, die sie vielleicht schon bekommen. Dabei gehen wir davon aus, dass Heilung immer die Mitwirkung des betroffenen Menschen braucht, ebenso wie Lernen nur durch die Mitwirkung des Lernenden möglich ist. Dem alten Medizinmodell zufolge sind Patienten nur die passiven Empfänger von Behandlungen durch die Ärzte, welche mehr wissen, weil sie ja die Spezialisten sind. Von den Patienten wird lediglich erwartet, dass sie kooperieren, was so viel heißen will wie, dass sie die Anweisungen befolgen und nicht zu viele Fragen stellen. Das ist das alte Modell.

Das neue Modell, das mittlerweile auch in der etablierten Medizin Beachtung findet, geht davon aus, dass die medizinische Behandlung der Mitwirkung des Patienten bedarf. Ärzte, Krankenpflegepersonal, Psychologen, Sozialarbeiter und alle anderen Mitarbeiter des Gesundheitswesens haben ihren Anteil an der Behandlung. Aber der Mensch, dem diese Behandlung und Pflege zuteil wird, muss ebenfalls aktiv mitwirken. Seine eigene Gesundheit muss ihm wichtig genug sein, dass er seinen Lebensstil verändert, wenn dies nötig sein sollte. Die Patienten müssen zu Partnern werden und verstehen, welche Schritte sie zu tun haben, um ein größeres Maß an Gesundheit und Wohlbefinden zu entwickeln.

Viele Menschen sagen beim Verlassen unserer Klinik nach dem achtwöchigen Programm: „Ich habe verstanden, dass ich nicht mein Krebs bin. Der Krebs ist etwas, das in meinem Körper abläuft, aber ich bin viel mehr als das.“ Diese kleine Rotation im Bewusstsein, diese Verschiebung unserer Sichtweise kann die Art und Weise, wie wir unser Leben leben, enorm verändern. Und tatsächlich ist auch der Körper an dieser Haltung beteiligt, er hört genau auf unsere innere Motivation. Wenn sich also unsere Haltung in einer bestimmten Weise verändert, dann – darauf gibt es viele Hinweise – verändert sich auch der Körper. Auch der Körper kann sich dann in Richtung Ausgeglichenheit, Besserung oder Erholung bewegen. Manchmal kann sogar die Heilung einer Krankheit die Folge sein.

Aber all dies ist nicht der Zweck von Meditation. Wir meditieren nicht, um zu versuchen, den Krebs „wegzumeditieren“. Wir können durch Meditation auch keinen herausgesprungenen Wirbel dazu bringen, sich wieder in die Wirbelsäule einzufügen. Wir meditieren auch nicht, um unseren Blutdruck zu senken. Ja, wir meditieren nicht mal, um uns besser zu fühlen.

Wir meditieren, um uns mit unserem Leben zu verbinden, mit dem Lebendigsten in uns. Es geht dabei, wie Joseph Campbell sagte, um die Erfahrung des Lebendigseins. Das führt wiederum zu vielen anderen Möglichkeiten, das Leben wirklich zu nutzen und Dinge zu tun, die man andernfalls nicht wagen würde. Denn oft trennen wir uns von unseren eigenen Möglichkeiten.

Was Meditation ist und was sie nicht ist

Manche Menschen stellen sich Meditation als ein kompliziertes Verfahren vor, das man lernen muss und bei dem es um eine Art innere Manipulation geht. Sie stellen sich vor, dass es einen ganz speziellen Zustand gibt, den es zu erreichen gilt, wobei man genau weiß, wann man dort angekommen ist. Das ist ein völlig falsches Verständnis von Meditation.

Einer meiner Klienten brachte einmal einen Comic mit, den er auf einer Kaugummiverpackung gefunden hatte. Darauf sieht man, wie einige Kinder miteinander sprechen. Auf dem ersten Bild fragt eines der Kinder:

„Was machst du da, Mort?“ Mort sitzt im halben Lotossitz und sagt: „Ich meditiere! Es erfüllt mich mit innerem Frieden, nach nur dreißig Sekunden ist mein Kopf vollkommen leer.“ Auf dem nächsten Bild sagt einer der anderen Jungen: „Oh, und ich dachte, er wäre schon mit leerem Kopf auf die Welt gekommen.“

Zu meinen, dass wir in der Meditation unseren Geist leer machen müssten, ist eine völlig irrige Vorstellung. Es geht vielmehr darum, dem Geist zu erlauben, so zu sein, wie er ist, und ihn im Gewahrsein zu halten. Wie ich schon gesagt habe, geht es darum, alles, was sich zeigt, in den „Kessel“ der Achtsamkeit zu tun und es einfach darin sein zu lassen.

Für Menschen, die noch nie etwas über Meditation gehört haben, kann es schwierig sein, diese Grundhaltung zu verstehen. Wenn wir die Patienten in der Klinik für Stressbewältigung mit Meditation bekanntmachen, bitten wir sie nicht, sich auf den Boden zu legen oder irgendwelche komischen Haltungen einzunehmen. Was wir tun, ist vielleicht schon komisch genug: Wir geben jedem Patienten eine Rosine und laden ihn ein, diese eine Rosine achtsam zu erforschen und sie dann zu essen. Dies dauert etwa fünf bis zehn Minuten. Zuerst rollen wir die Rosine in unseren Fingern hin und her und betrachten und untersuchen sie: Wie sieht eine Rosine eigentlich aus? Wie fühlt sie sich an? Wir nehmen die raue Oberfläche, die Falten, die verschiedenen Färbungen auf der Haut der Rosine und ihre Beschaffenheit unmittelbar wahr. Wir halten die Rosine unter die Nase und riechen den Duft, den sie verströmt. Manche Menschen halten die Rosine auch ans Ohr und drehen sie, denn was wenige wissen, wenn man eine Rosine vor dem Ohr dreht: Man hört ein leises Knistern!

Dann führen wir die Rosine an die Lippen und stellen dabei fest, dass unsere Hand genau weiß, wie sie die Rosine zum Mund befördert muss – sie verfehlt ihr Ziel nicht und bringt die Rosine womöglich ans rechte Ohr. Wir halten diese Zielsicherheit der Hand für selbstverständlich, dabei gibt es Menschen mit Krankheiten des Nervensystems, die, vor allem wenn das Kleinhirn betroffen ist, die eigene Hand nicht kontrollieren können.

Wir bringen die Rosine also an die Lippen, wo sie auf eine bestimmte Weise vom Mund aufgenommen wird. Dabei sind wir achtsam: Wie kommt die Rosine in den Mund? Sie wird von der Zunge in Empfang genommen und es ist sehr interessant, darauf zu achten, wie die Zunge das macht. Dann muss die Rosine zwischen die Zähne gelangen. Unsere Zunge weiß genau, wie das geht, wir dürfen sie nur nicht dabei stören. Wenn wir zu viel darüber nachdenken, beißen wir uns womöglich auf die Zunge.

Anschließend kauen wir ein paar Mal langsam und achtsam auf der Rosine. Sehr schnell kommt es zu dieser Explosion von Erfahrungen, die wir als Schmecken bezeichnen. Wer weiß, wie oft wir am Tag kauen, bei jeder Mahlzeit tun wir es viele, viele Male. Doch wenn wir diese eine Rosine kauen, dann sind wir plötzlich mit etwas verbunden, das wir schon tausend Mal erfahren, aber möglicherweise niemals zuvor wirklich mitbekommen haben, weil wir bisher nie wirklich anwesend gewesen sind. Bei dieser Übung sagen viele: „Mein Gott, ich habe noch nie zuvor eine Rosine wirklich geschmeckt." Auf diese Weise gehen wir durch den gesamten Prozess des Kauens und Herunterschluckens. Dabei ist es gleichgültig, ob der Verstand die Rosine mag oder nicht. Was der Verstand sagt, ist sekundär, es geht um die Erfahrung als solche, um das Essen und Schmecken der Rosine.

Diese Übung vermittelt den Menschen ein Gefühl davon, worum es sich bei der Achtsamkeit in Wirklichkeit dreht. Achtsam zu sein, bedeutet also gar nicht, dass ich eine ganz bestimmte Sache erleben sollte? Die Rosine muss nicht gut schmecken? Und ich muss auch nicht irgendeine tiefe Erfahrung beim Essen machen? Auch mein Gefühl für meinen Körper muss nicht verschwinden oder sich so verändern, dass ich wie in einem weiten Raum schwebe?

Es geht ausschließlich darum, achtsam wahrzunehmen, was Sie genau in diesem Moment erfahren; was Sie erfahren, wenn Sie etwas schmecken, riechen, sehen, oder herunterschlucken. Das ist Meditation. Wir bezeichnen dies als Essmeditation oder achtsames Essen.

Was wäre, wenn wir immer so viel Aufmerksamkeit auf das verwenden würden, was wir in unseren Körper aufnehmen? Essen wir Rosinen für gewöhnlich auf diese Art? Wenn ich diese Frage stelle, erhalte ich als Antwort oft eine Geste: eine gewölbte Hand, die hektisch zum Mund geführt wird. Oft essen wir gleich eine ganze Handvoll Rosinen, ohne sie zu schmecken; wir schlingen sie geradezu herunter. Viele erzählen auch, dass sie beim Kauen immer schon an den nächsten Bissen denken – vor allem, wenn es um etwas noch Interessanteres als Rosinen, zum Beispiel um Schokoladenkuchen, geht. Bevor ich das, was in meinem Mund ist, gekaut und heruntergeschluckt habe, denke ich schon an das nächste Stück. Interessant!

Schauen wir uns das genauer an: Ich habe etwas im Mund. Aber schon will ich mehr in meinen Mund tun, um noch mehr von dem zu bekommen, was ich schon habe und schon schmecke. Das ist doch ziemlich sonderbar. Sehr viele Menschen haben diese merkwürdige Beziehung zum Essen, denn wir wollen etwas, weil wir das Gefühl haben, wir werden nicht genug davon bekommen oder es wird zu schnell verschwinden. Viele von uns wollen die guten Sachen zwar schmecken, aber nicht die ganzen Kalorien zu sich nehmen. So entsteht eine merkwürdige Beziehung zum Essen und zur Nahrung. Teilweise vielleicht auch deshalb, weil wir so viel Auswahl an Nahrungsmitteln haben. In einem armen Land können ein paar Rosinen das ganze Frühstück sein.

Das ist also die Essmeditation. Durch diese Übung können wir verstehen, dass Meditation nichts Besonderes ist. Wir müssen keine komplizierten Manipulationen durchführen, es geht ausschließlich darum, absichtsvoll aufmerksam zu sein. Denn der Verstand wird abschweifen: Wir essen die Rosine, aber denken über etwas anderes nach. Wir denken an die nächste Rosine, oder daran, wie dumm diese Übung doch ist: „Oh Mann, das ist ja wirklich verrückt, ich kann nicht glauben, dass meine Krankenkasse so etwas bezahlt. Wir sitzen hier rum und essen fünf Minuten lang eine Rosine. Das ist doch irre!"

Im Verstand können also alle möglichen Gedanken auftauchen. Aber dann sagt uns die Meditationsanleitung: Bitte nur jetzt, nur aus Spaß und als Experiment, lass uns mit unserer Aufmerksamkeit bei der Rosine bleiben. Ist doch egal, ob es Quatsch ist, bleiben wir einfach bei der Rosine und bewerten unsere Erfahrung jetzt nicht. Das können wir ja später immer noch nachholen, aber jetzt halten wir uns damit zurück. So bringen wir unseren Geist zurück zur Erfahrung des Schmeckens und Kauens.

Die Gefahr eines Lebens im Autopilot-Modus

Ein großer Teil unseres Lebens besteht aus vielen verschiedenen Strömungen des Tuns, ja einer ganzen Flut des Tuns. Wir können uns leicht in der Eile und den Anforderungen dieses Tuns verlieren und vergessen, wer der Handelnde ist. Aber was tun wir eigentlich und warum tun wir es? Häufig wissen wir das gar nicht so genau. Manchmal kann ein ganzes Team fieberhaft an einem Projekt arbeiten, aber niemand fragt, warum daran eigentlich gearbeitet wird. Vielleicht war es im letzten Jahr sinnvoll, aber ist es das in diesem Jahr noch immer? Es kann leicht geschehen, dass solch eine Achtlosigkeit eine Eigendynamik entwickelt, und dann sind wir in der Tretmühle des Tuns, ohne mitzubekommen, wer da eigentlich handelt und warum. Wir machen so viel im Autopilot-Modus, wir schalten ab und merken gar nicht, was wir machen.

Meditation ist ein Weg, um auf die Bremse zu treten – und sei es auch nur für zwei Minuten. Wir halten inne und lassen die Dinge so sein, wie sie sind. Wenn wir uns dann wieder dem Tun widmen, kommen wir vom *Sein* her – dann liegt darin eine Integrität, Ausgeglichenheit und Ganzheit. Das ist aber nicht möglich, wenn wir kopflos herumrennen, eine Sache nach der anderen machen und ständig daran denken, was wir noch nicht geschafft haben und was wir noch alles erledigen müssen; wenn wir ständig in Eile sind, weil wir glauben, sofort die nächste Aufgabe erfüllen zu müssen.

Auf so eine Weise können wir unser ganzes Leben verbringen, ohne es zu bemerken. Wir stehen morgens auf und kaum haben unsere Füße den Boden berührt, laufen wir schon los und hetzen unter die Dusche. Für diese Situation gibt es eine wunderbare Meditation: Beobachten Sie, wenn Sie unter der Dusche stehen, wo Ihr Geist gerade ist. Es gibt diesen Aufkleber, auf dem steht: „Wissen Sie, wo Ihre Kinder heute Nacht waren?" Wissen Sie in jedem Moment, wo Ihr Geist ist?

Wenn ich morgens dusche und nicht aufmerksam bin, kann ich die ganze Dusche verpassen. Statt unter der Dusche war ich schon in einer Besprechung, die erst um neun Uhr stattfindet. Oder ich streite mich auf dem Weg zur Arbeit mit jemandem über ein schwieriges Thema, bis ich merke, dass mein Gesprächspartner gar nicht im Auto sitzt. Ich habe mit mir selbst gesprochen, der andere hat gar nichts gesagt, auch nicht das, worüber ich mich so aufrege. Dieses ganze Streitgespräch habe ich voll und ganz allein geführt. Solche Dinge geschehen häufig. Meditation ist eine Einladung zum Aufwachen. Es ist wie mit der Rosine. Wenn wir beim Essen der Rosine nicht anwesend sind, ist es vielleicht nicht so tragisch. Aber was ist, wenn wir dreißig Jahre lang bei unseren Kindern nicht anwesend sind? Oder bei unseren Ehepartnern? Was ist, wenn wir die ganze Zeit nur halb bei der Sache sind?

Oder was geschieht, wenn wir unserem Körper keine Aufmerksamkeit schenken? Wenn wir wie taub für ihn sind und keine Verbindung mehr zu unseren Gefühlen haben? Das ist so, als würden wir sagen: „Bei mir gibt es keine Trauer." Aber jeder von uns trägt ein gewisses Maß an Trauer in sich. Wenn wir diese Gefühle von uns abspalten, werden wir einen Preis dafür zahlen. Wie in dem von David Whyte zitierten Gedicht schauen wir einen Moment weg, wachen nach zehn Jahren wieder auf und fragen uns, wie wir in diesem Leben gelandet sind: Wen habe ich da eigentlich geheiratet? Woher kommen diese Kinder? Wie bin ich zu diesem Job gekommen? Was ist geschehen?

Das ist ein unsanftes Erwachen – unsanft, nicht unfreundlich, aber aufrüttelnd, denn es trifft uns wie ein Schlag. Was nun?

In der Meditation geht es genau um dieses „Was nun?". Stellen Sie sich vor, Sie stehen auf einer Kreuzung, irgendwo im Niemandsland und dort gibt es zwei Straßen. Die eine heißt „Hier" und die andere „Jetzt". Genau dort beginnen wir, hier und jetzt. Wenn Sie Probleme haben, dann können Sie an den Problemen arbeiten. Wenn es Ihnen gut geht, dann arbeiten Sie damit. Auf zwei Dinge können Sie sich dabei immer verlassen: auf Ihren Körper und auf Ihren Atem. Das ist ein wunderbarer Ausgangspunkt.

Der Zugang zu transformierender Freiheit

Hier ist ein weiteres Gedicht von Kabīr. In seinen Texten steckt so viel Energie, dass es einfach eine Freude ist, sie zu lesen:

Oh, mein Liebster, welches Ufer ist Dein Ziel?

Es ist kein Reisender vor Dir und kein Weg.
Wo ist Bewegung, wo die Rast zu diesem Ufer?
Da ist kein Wasser, kein Boot, kein Fährmann ist dort.
Da ist nicht einmal ein Tau, um das Boot zu schleppen,
noch ein Mann, der es zieht.
Keine Erde, kein Himmel, keine Zeit, kein Ding gibt es dort:
kein Ufer, keine Furt.

So wie es auch bei meinem Beispiel im Auto niemanden gab, mit dem ich mich streiten konnte. Kabīr fährt fort:

Dort ist weder Körper noch Verstand.
Wo ist der Ort, der den Durst Deiner Seele stillen soll?
In dieser Leere wirst Du nichts finden.
Sei stark und gehe in Deinen Körper: Darum ist Deine
Standhaftigkeit wichtig.

Oh, mein Liebster, überlege es Dir gut! Gehe nicht woanders hin. Kabīr sagt: Lege alle Vorstellungen ab und stehe fest in dem, was Du bist.“

Auch hier ist die Aussage die gleiche: Sei im Jetzt! Sei aufmerksam und verbinde dich, ohne zu urteilen, mit dem, was ist. Dieses Nicht-Urteilen ist wichtig, denn sonst denke ich vielleicht, dass ich es nicht wert bin, in diesem Moment aufmerksam zu sein, weil mein Leben eh schon so ein hoffnungsloses Chaos ist. Wenn ich aber glaube, dass ich keine Aufmerksamkeit verdiene, bleibe ich in Platons Höhle oder in dem Gefängnis, von dem Einstein in dem vorher zitierten Text gesprochen hat.

Solange wir irgend jemanden oder irgend etwas in der Welt für dieses Gefängnis verantwortlich machen, werden wir uns daraus nicht befreien können. Denn diese Befreiung kann nur ein einziger Mensch bewirken: wir selbst. Das ist die Standhaftigkeit, von der Kabīr spricht, mit der wir in dem stehen, was wir wirklich sind. Wir urteilen nicht, sondern lassen alles so sein, wie es ist. So erhalten wir Zugang zu einer transformierenden Freiheit. Ich bezeichne ihn als „Verzweigungspunkt“.

Jeder Moment kann solch ein Moment sein, denn wenn wir klar sehen können, zeigt sich eine Öffnung. Vor diesem Moment können alle möglichen Dinge geschehen, aber wenn der Moment eintritt, müssen wir mit dem umgehen, wofür wir uns entschieden haben. Nehmen wir ein Beispiel: Eines Ihrer Kinder hat etwas getan, was Ihnen nicht gefällt. Sie regen sich wahnsinnig darüber auf und verlieren die Kontrolle, so dass Sie Ihr Handeln später bereuen. Wenn Sie dieses Szenario in der Rückschau genauer betrachten, müssen Sie anerkennen, dass die Situation aus dem Ruder gelaufen ist. Hatten Sie eine Wahl? Ja, die hatten Sie. Sie hatten sehr viel Entscheidungsspielraum, und zwar in dem Moment, *bevor* Sie sich aufgeregt haben. Aber hier müssen wir offen genug sein, um all die Möglichkeiten zu sehen, bevor wir auf die Situation antworten. Denn durch unsere Antwort verschließt sich der Zugang zu den anderen Möglichkeiten. Das

Kind hat nun einmal getan, was es getan hat, daran lässt sich nichts mehr ändern. Das bedeutet aber nicht, dass wir uns nun unsererseits wie ein Kind verhalten und überreagieren müssen. Es gibt viele Möglichkeiten, auf die Situation und das Kind einzugehen. Nicht selten nehmen wir es persönlich und schwingen uns auf das hohe Ross der Moral: „Ich muss etwas tun, was soll aus ihr werden, wenn sie groß ist?" In so einem Fall sind wir wirklich in unserem überreagierenden, moralisierenden, blinden und selbstbezogenen Denken gefangen.

Das kann vorkommen – wir tun so etwas permanent. Aber wenn wir in einem derartigen Denken gefangen sind, fügen wir dem Kind eine größere Verletzung zu, als die, die es uns zugefügt hat. Wir haben mit einer Situation umzugehen, die ein Geistesmoment ist. Wenn wir außerhalb dieser Geistesmomente leben, das heißt, wenn wir nicht wirklich aufmerksam dafür sind, kann es gut passieren, dass wir uns im Kreis drehen und zehn oder zwanzig Jahre später noch immer in der gleichen Weise auf unsere Kinder reagieren. Und wir wissen ja, was in solchen Situationen entsteht: Mauern, Entfremdung, wir fühlen uns nicht mehr verbunden. Natürlich können wir nun alle anderen dafür verantwortlich machen, doch wenn wir frei sein wollen, müssen wir selbst die Verantwortung übernehmen und uns fest in dem verwurzeln, was wir sind. Dazu brauchen wir besagte Wachheit, durch die sich eine Öffnung zeigen kann. Es kann sein, dass wir den Drang haben, uns zu verschließen, zurückzuziehen, uns aufzuregen oder uns abzutrennen. Aber genau in dem Moment, bevor das geschieht, müssen wir da sein und uns fragen: Muss ich diesen geistesabwesenden Automatismus wirklich zum x-ten Mal wiederholen? Das trifft auf jeden Moment unseres Lebens zu, egal, was gerade geschieht. Was ich eben beschrieben habe, ist nur ein Beispiel unter unzähligen anderen.

Den Menschen bei uns in der Klinik für Stressbewältigung sage ich eines immer wieder: JETZT ist der beste Moment, um damit anzufangen, das eigene Leben zu verändern. Ganz egal, was vorher passiert ist. In der Tradition des Yoga wird das Alter von dem Zeitpunkt an berechnet, an dem man mit der Yoga-Praxis begonnen hat. Wenn jemand also 76 Jahre alt ist und seit drei Wochen Yoga übt, ist er diesem Verständnis nach erst drei Wochen alt. Ich mag diese Art zu rechnen sehr, sie ist so optimistisch: Wir können das Leben nicht von vorn beginnen, aber darum geht es auch gar nicht. Das Entscheidende ist, dass wir unser Leben *bewusst* leben, solange wir es noch leben können.

3 Das Wunder des Atems

Ein wunderbares Tor zur Meditation

Atmen Sie in diesem Moment? Ich will es hoffen! Aber es ist gut möglich, dass Sie sich dessen gar nicht bewusst sind – es sei denn, Sie haben Asthma oder irgend eine andere Lungenerkrankung. Oft merken wir gar nicht, dass wir atmen. Dabei sind wir stets nur einen Atemzug davon entfernt, von diesem Planeten, aus diesem Leben, zu verschwinden. Der Atem ist also lebenswichtig für uns.

Da jeder von uns zwangsläufig atmet, ist der Atem auch so ein gutes Übungsobjekt in der Meditation. Wenn wir einmal verstanden haben, dass mit Meditation das absichtsvolle Aufmerksamsein im gegenwärtigen Moment gemeint ist, können wir den Atem als Ausgangspunkt nutzen, um die Verbindung zu unserem Körper wiederherzustellen. Der Atem, der in den Körper hereinströmt und ihn wieder verlässt. Wir können uns einfach auf das Gefühl der Bewegung des Atems einstimmen.

Viele Menschen geraten während der Meditation plötzlich in Zweifel, ob sie überhaupt „richtig" atmen und fragen sich, ob sie ihre Atmung irgendwie verändern müssen. Auch das ist aber nur ein Gedanke, den wir loslassen sollten. Es ist eine subtile Art, unsere eigene Kraft infrage zu stellen. Schließlich atmen wir schon unser ganzes Leben – dreißig, fünfzig oder siebzig Jahre lang, nur wussten wir bislang noch nichts über Meditation und haben deshalb nicht darüber nachgedacht, ob wir es „richtig“ machen. Unser Körper weiß, was er tut, er hat seine eigene Weisheit. Es geht bei der Meditation also nicht um die Manipulation des Atems, sondern darum, ihn einfach zu fühlen, so wie er ist; wir denken nicht über den Atem nach, wir spüren ihn wirklich.

Wir fühlen also, wie der Atem in uns hereinströmt. Aber siehe da, er bleibt nicht im Körper, das Einatmen endet und wird zum Ausatmen. Der Atem kommt nur für eine Weile in uns hinein, und dann verlässt er uns wieder. Das ist, als säßen wir in einem Schlauchboot auf einem See oder auf dem Meer. Die Wellen kommen und gehen und wir reiten auf ihnen und spüren sie im ganzen Körper. So reiten wir auch auf den Wellen des Atems – auf den steigenden Wellen beim Einatmen und den fallenden Wellen beim Ausatmen. Dabei bleiben wir die ganze Zeit mit unserer Aufmerksamkeit bei diesem Kommen und Gehen, Steigen und Fallen.

Wir können uns auch vorstellen, dass wir auf den Wellen des Atems surfen. Wir stehen auf dem Surfbrett der Achtsamkeit und halten unser Gleichgewicht, wenn der Atem hereinströmt und wieder hinausströmt. Wir surfen auf den Wellen nach oben und nach unten. Diese Vorstellung ist ein wunderbares Tor, durch das wir zur formellen Meditationspraxis gelangen: Wir sind uns achtsam des Stromes unseres Atems bewusst. Wann? Jetzt! Es geht immer um diesen einen Atemzug.

Wenn Sie das eine Zeit lang ausprobieren, werden Sie etwas entdecken. Ich glaube nicht, dass ich ein Geheimnis verrate, wenn ich sage, dass Ihr Geist nicht lange beim Atem bleiben will. Ihm werden ein paar Dinge einfallen, zum Beispiel: „Das ist doch Unsinn, zeig mir etwas Besseres“, oder „Lass mich hier raus, ich hab Wichtigeres zu tun. Ich muss jetzt telefonieren / meine E-Mails beantworten / die Kinder von der Schule abholen …“

Weil wir uns aber entschieden haben, jetzt eine formelle Meditation zu üben, werden wir diese Gedanken sein lassen, was sie sind und einfach wieder zurück zum Atem kommen. Wir reagieren nicht darauf, wir handeln nicht, wir kommen einfach nur zum Atem zurück.

Der Geist wird immer wieder abschweifen. Am liebsten beschäftigt er sich mit der Zukunft, er macht sich Sorgen oder er plant, was es noch alles zu tun gibt. Sie können das bei sich selbst überprüfen. Einen Großteil der Zeit sind wir auch in der Vergangenheit, wir überlegen, was passiert ist, um etwas zu verstehen, was jetzt geschieht. Oder wir hängen den guten alten Zeiten nach und verlieren uns in Erinnerungen. Wenn Sie genau achtgeben, während Sie Ihren täglichen Erledigungen nachgehen, werden Sie merken, dass Ihr Geist meistens hier oder dort, aber nicht in der Gegenwart ist.

Hinzu kommen noch all unsere Vorlieben und Abneigungen, all dieses „das mag ich und das mag ich nicht", dieses ständige Hinterherrennen hinter dem, was wir mögen, und die Flucht vor dem, was wir nicht mögen. Wann nehmen wir uns die Zeit, einfach nur zu sein? Unser Mensch*sein* ist doch schließlich das Wichtigste. Wir aber verhalten uns so, als wäre das, was wir als Menschen *tun*, das Entscheidende.

Bei der Achtsamkeit geht es um diesen Wechsel vom Modus des Tuns in den Modus des Seins. Der Atem ist dafür wie gesagt ein wunderbarer Ausgangspunkt. Jedes Mal, wenn der Geist abschweift, nehmen wir zur Kenntnis, womit er sich beschäftigt. Das ist sehr wichtig, wenn wir wirklich unser ganzes Wesen entwickeln wollen. Wir bemerken, was in unserem Geist anwesend ist; wir werden wirklich vertraut mit unserem Geist. Dabei sehen wir natürlich nicht nur schöne Dinge, manchmal sind wir auch schockiert über unsere Gedanken: „Oh mein Gott, ich hätte nicht geglaubt, dass ich so etwas denken kann." Im Geist zeigen sich alle möglichen Dinge. Was immer es ist, wir bewerten die Gedanken nicht und kommen zum Atem zurück.

Den Atem fühlen

Das erste, was Sie bemerken werden, wenn Sie sich zur Meditation niederlassen, ist, dass es eine Form des Innehaltens ist. Der Atem kommt und geht, aber davon abgesehen passiert nicht viel. Der Körper ist ruhig. Vermutlich werden Sie schon bald überlegen, was nun eigentlich passieren soll. Sie warten auf ein besonderes Gefühl oder eine bestimmte Einsicht. An diesem Punkt können wir etwas Neues lernen: Es mag schwer zu fassen sein, aber in der Meditation geht es tatsächlich nicht darum, irgendetwas zu tun oder etwas zu erreichen. Es geht um das Nicht-Tun, was ein anderer Ausdruck für Sein oder Wachheit an sich ist.

Im Magazin *The New Yorker* gab es einmal einen herrlichen Cartoon: Ein jüngerer und ein älterer Zen-Mönch sitzen in ihren Roben nebeneinander und haben offensichtlich gerade eine Meditation beendet. Der junge Mönch schaut den älteren Mönch mit einem fragenden Gesichtsausdruck an. Unter dem Cartoon steht: „Als Nächstes passierte nichts. Das war alles."

Dieser Cartoon verweist auch wieder darauf, dass die Fülle des Lebens nur in diesem einen Moment zu finden ist. Henry David Thoreau sprach in diesem Zusammenhang vom Erblühen des gegenwärtigen Augenblicks. Am Ende von *Walden* schreibt er: „Nur *der* Tag bricht an, für den wir wach sind." Man kann sagen, dass der ganze Sinn von Meditation darin besteht, aufzuwachen. Es geht um dieses Aufwachen, dieses Wachsein, mit der wir unser Leben leben, während es sich entfaltet. Aber oft sind wir das nicht.

Kommen wir zum Atem zurück. Nehmen wir uns ein paar Minuten Zeit und halten wir inne – hier und jetzt. Dabei können wir uns in uns selbst niederlassen.

Übung „Den Atem fühlen“

*Die Anleitung für die folgende Übung finden Sie auf CD 1.**

Zu Beginn lassen wir uns etwas Zeit, um in unserem Körper anzukommen. Im Sitzen oder im Liegen. Der Atem ist nun im Zentrum unseres Gewahrseins.

Wir bringen unsere Aufmerksamkeit zum Atem, fühlen, wie er in den Körper hereinströmt (...) und wie er den Körper wieder verlässt. Es gibt verschiedene Stellen im Körper, auf die wir uns dabei konzentrieren können. Eine dieser Stellen sind die Nasenlöcher, wobei wir einfach spüren, wie die Luft durch sie hineinströmt. (...) Ein anderer Ort ist der Bauch. Wenn wir unsere Aufmerksamkeit auf den Bauch richten, ist es hilfreich, die Hand darauf zu legen. Wir können nun jede Bewegung spüren, die sich hier in Verbindung mit dem Atem zeigt. Ich spüre jetzt, wie mein Bauch sich beim Einatmen ausdehnt und sich beim Ausatmen wieder etwas zurückzieht. Im Liegen ist es ein Heben beim Einatmen und ein sich Senken beim Ausatmen. Wenn wir dies eine Weile mit der Hand gespürt haben, können wir sie wegnehmen und unsere Aufmerksamkeit beim Bauch verweilen lassen. Ist dies nicht möglich, können wir dem Atem dorthin folgen, wo wir ihn am deutlichsten spüren. (...) Nur das Gefühl des Atems, das Gefühl des Einatmens und Ausatmens, an den Nasenlöchern oder im Heben und Senken des Bauches. (...) So gut wir können, verweilen wir mit unserer Aufmerksamkeit auf dem Atem, für die ganze Dauer des Einatmens und für die ganze Dauer des Ausatmens. (...) Bei den ersten Atemzügen scheint dies noch kein Problem zu sein, der Geist richtet sich auf den Atem und es fühlt sich interessant an. Damit beurteilen wir aber schon unsere Erfahrung, obwohl wir ja nur unsere Aufmerksamkeit auf den Atem richten wollten, ohne die Erfahrung zu beurteilen. Wenn wir merken, dass wir uns im Denken verfangen haben, kehren wir zum reinen Fühlen der Bewegung des Atems zurück. Unter diesem rhythmischen Fließen können wir die Erfahrung der Stille spüren. (...) Wenn wir in einer Situation sind, in der wir die Augen schließen können,

* Der Wortlaut der gesprochenen Übungen weicht etwas von den Texten im Buch ab.

dann könnte dies die Konzentration noch verstärken. Aber beim Autofahren sollten wir natürlich nicht die Augen schließen. Es gibt noch andere Umstände, in denen wir unsere Augen nicht schließen sollten. Aber wir können auch mit offenen Augen auf den Atem achten. Dabei hilft es, sich nicht in der Umgebung umzuschauen, damit wir nicht abgelenkt werden. Wir geben dem Fluss des Atems unsere volle Aufmerksamkeit, dem Herein- und Hinausfließen, Moment für Moment, Atemzug für Atemzug. (…) Wir fühlen den Atem genauso, wie wir beim Essen einer Rosine den Geschmack schmecken. Wir lassen uns ganz auf dem Atem nieder. (…)

Wenn der Geist abschweift

Von Zeit zu Zeit merken Sie vielleicht, dass Ihr Geist abschweift. Er will nicht beim Atem bleiben, wird abgelenkt oder etwas anderes wird interessanter, ein Geräusch, ein Anblick, eine Erinnerung oder ein Anflug von Angst vor der Zukunft. Wenn wir bemerken, dass der Geist nicht mehr beim Atem ist, können wir einfach auf das achten, was sich in unserem Geist zeigt. Egal, was es ist, wir können es absichtsvoll loslassen und zum Bauch oder den Nasenlöchern zurückkommen, zurück zu diesem einen Atemzug.

Falls allerdings das Haus brennt, sollten wir besser nicht beim Atem bleiben, sondern uns in Sicherheit bringen. Aber oft entzündet sich der Geist, sodass nicht unser Haus in Flammen steht, sondern lediglich in unserem Geist etwas brennt. Ein Aspekt der Kultivierung von Weisheit ist das Wissen darum, wann wir einfach sein können und das Reagieren und Tun loslassen können. Wenn der Geist fünf Mal abschweift, dann bemerken wir, dass er nicht mehr beim Atem ist. Wir nehmen wahr, worauf unsere Aufmerksamkeit sich nun richtet. Jedes Mal können wir den Geist sanft, aber bestimmt wieder zum Körper und in diesen Moment bringen, zum Bauch oder zu den Nasenlöchern, oder wo immer wir den Atem spüren wollen. (…)

Hierbei achten wir immer darauf, ob sich eine Anstrengung einschleicht, in der wir unseren Atem mit Druck verändern oder ihn absichtlich einziehen, sodass wir nicht mehr wirklich frei atmen. Wir müssen dem Atem nicht helfen, sondern können ihn einfach sein lassen; ihm erlauben zu sein, wie er ist. (…) Wenn wir uns auf den Atem im Bauch konzentrieren, dann üben wir etwas, das manchmal Zwerchfellatmung genannt wird. Ist der Bauch entspannt, wird der Atem etwas tiefer und länger werden und eine beruhigende und zentrierende Wirkung haben. Wir sind einfach mit unserer Aufmerksamkeit anwesend und reiten auf den Wellen unseres eigenen Atems. Und sollte sich diese Wirkung einstellen, beurteilen wir sie weder als wünschenswert noch als nicht wünschenswert. Wir bleiben einfach in der reinen Erfahrung der Atembewegung, wie die Luft in den Körper einströmt und ihn wieder verlässt. In jedem Moment. Wir erlauben uns, hier und jetzt zu sein; im Körper, bei diesem Atemzug. (…)

Wenn der Geist hundert Mal abschweift, ist die Meditationsanleitung jedes Mal die gleiche: Wir bemerken, wenn der Geist nicht beim Atem ist, wir erkennen es ohne eine Wertung. Wir verurteilen es nicht und machen uns keine Vorwürfe. Wir lassen es sein, wir lassen los und kommen zum gegenwärtigen Atem zurück. (…)

Auch wenn wir fünf Minuten lang vom Atem abgeschweift sind, ist das kein Problem. Wir müssen uns nicht verurteilen, sondern können es einfach bemerken und zurückkommen. Dieser Moment ist neu und frisch, ein Beginn. Dieser Moment ist, was er ist. Wir vertiefen uns einfach wieder in den Atem und in die Stille hinter dem Atem. (…)

Die Achtsamkeit vertiefen

Nun können wir die Erfahrung, die wir eben gemacht haben, genauer erforschen. Was ist während dieser Übung passiert? Ist der Geist abgeschweift oder nicht? War das Verweilen beim Atem angenehm oder hat es Sie frustriert? Hat es Ihnen zu lange gedauert? War es schwer, sich mit dem Atem zu verbinden? Oder fanden Sie es einfach langweilig, nur so zu atmen? Viele Menschen sagen: „Ach je, das ist doch nur der Atem, nichts Besonderes. Ich brauche eine anspruchsvollere Aufgabe, für etwas so Simples habe ich zu viel zu tun. Ich bin schließlich gebildet und viel beschäftigt, ich will nicht mit meinem Atem herumsitzen, denn ich muss echte Probleme lösen." Falls Sie den Atem für langweilig halten, empfehle ich Ihnen folgendes Experiment: Drücken Sie mit Ihren Fingern beide Nasenlöcher fest zu. Lassen Sie dabei den Mund geschlossen und beobachten Sie, wie lange es dauert, bis Ihr Atem unglaublich interessant wird. Kabīr antwortete auf die Frage nach dem Wesen Gottes: „Er ist der Atem allen Atems." Kabīr hat in diesem Zusammenhang nicht zwischen dem Männlichen, dem Weiblichen und dem Göttlichen unterschieden, deshalb können wir genauso sagen: „Sie ist der Atem allen Atems."

Der Geist und der Atem

Wenn unsere Patienten das Programm für Stressbewältigung beendet haben, fragen wir sie, was dabei das Wichtigste für sie gewesen ist. Die allermeisten antworten: das Atmen. Ist das nicht merkwürdig? Schließlich haben sie doch schon geatmet, bevor sie zu uns kamen. Was meinen sie also mit „dem Atmen"?

Was sie eigentlich meinen, ist, dass etwas zutiefst Kraftvolles darin liegt, die Aufmerksamkeit auf den Atem zu lenken. Das ist für die meisten Menschen etwas Neues. Etwas Neues, das sie nicht dadurch gelernt haben, dass sie mir zugehört haben, sondern durch das Tun, indem sie in Verbindung mit ihrem Atem getreten sind, diese Verbindung gehalten und wiederhergestellt haben, wenn ihr Geist abgeschweift ist. Wenn Sie selbst diese Übung ausprobiert haben, dann ist vermutlich auch Ihr Geist sehr oft abgeschweift. Wahrscheinlich hat Sie das überrascht. Sie sind möglicherweise davon ausgegangen, dass Sie den Geist auf etwas konzentriert halten können, wenn Sie sich das vornehmen. Aber meistens ist das nicht der Fall und viele Menschen sind ziemlich verblüfft, wenn sie entdecken, dass der Wille allein nicht ausreicht, um den Geist auf den Atem fokussiert zu halten.

Der Geist führt ein Eigenleben, er hat seinen eigenen Willen und bewegt sich in alle möglichen Richtungen, wo immer es ihn gerade hinzieht. Die Meditationspraxis ist also auch deshalb eine Disziplin, weil wir die chaotische Energie des Geistes mit ihrer Hilfe bis zu einem gewissen Grad zähmen. Aber tatsächlich nur bis zu einem gewissen Grad, denn wir versuchen nicht, diese Energie gänzlich herunterzufahren oder die Wellen des Denkens anzuhalten; wir schaffen lediglich Raum, in dem sie fließen können.

Unsere stabile Aufmerksamkeit in jedem Moment erlaubt dieses Fließen der Gedanken. Der Atem wird ihr dabei zu einem weisen und hilfreichen Anker. Indem wir uns mit dem Atem verbinden, bleiben wir im gegenwärtigen Moment. Wir versuchen nicht, unser Denken auszuschalten und unseren Geist wie in dem Comic, den ich erwähnt habe, leer zu machen. Davon würden wir nur Kopfschmerzen bekommen. Der Versuch, das Denken anzuhalten, ist vergleichbar mit der Idee, das Meer dazu zu bringen, keine Wellen mehr zu erzeugen, indem man eine riesige Plexiglasscheibe auf das Wasser legt. Kein besonders Erfolg versprechendes Vorhaben, wenn Sie mich fragen.

Es liegt in der Natur des Geistes, Wellen zu erzeugen. Der Geist schweift in die eine und die andere Richtung, er will dieses und jenes. Oft wird er dabei sehr aufgeregt und erzeugt Unruhe, manchmal ist er von sich aus ruhiger. Wir alle haben die ganze Bandbreite dieses Spektrums schon erfahren. Nehmen wir an, Sie gehen ins Bett und haben am nächsten Morgen etwas Wichtiges zu tun. In den letzten Nächten haben Sie kaum geschlafen, weshalb Sie diese Nacht unbedingt etwas Schlaf bekommen müssen. Gerade, als Sie fast eingeschlafen sind, kommt Ihnen ein Gedanke. Dieser Gedanke führt zu einem nächsten Gedanken, auf den dann ein weiterer Gedanke folgt, und ehe Sie sich versehen, sind Sie wieder hellwach. Sie denken vielleicht: „Ich muss etwas tun, damit dieser Körper endlich einschläft." Doch das Ergebnis, wenn Sie versuchen, sich zum Einschlafen zu zwingen, kennen Sie bereits: Sie werden nur noch wacher und nervöser.

Wir alle wissen, dass wir loslassen müssen, um in den Schlaf zu sinken, sonst funktioniert es einfach nicht. Großer Stress hat oftmals als erste Auswirkung, dass wir nicht gut schlafen können. Aber wenn wir uns willentlich anstrengen, um einzuschlafen, machen wir den Schlaf noch unwahrscheinlicher.

Genauso verhält es sich mit dem Geist und dem Atem: Wenn der Geist unruhig ist, können wir ihn unruhig sein lassen. Wir bleiben einfach beim Atem, nicht, um die Unruhe des Geistes abzustellen, sondern um sie zu halten. So kann der Atem zu einem Teil des Inhalts dieses großen Kessels der Achtsamkeit werden, den ich schon erwähnt habe. Was immer im Geist auftaucht, egal, ob es chaotisch ist oder nicht, emotional aufgeladen oder nicht, wir halten es im Kessel der Achtsamkeit. Wir reiten die Wellen des Atems, während sich all diese Inhalte entfalten.

Die Menschen, die sagen, dass das Wichtigste beim Programm für Stressbewältigung das Atmen gewesen sei, meinen damit also eine tiefe und umfassende Erfahrung.

Von Rilke stammt ein wunderbares Gedicht, das nicht nur viele Aspekte des Gefühls zu atmen ausdrückt, sondern in dem es auch um all das angestrengte Tun und eilige Herumlaufen geht, das unser Leben so stressig macht. Wir sind so beschäftigt mit all diesem Tun, dass wir uns nicht mehr daran erinnern, wer wir wirklich sind und wer eigentlich der Handelnde bei all den Aktivitäten ist. Irgendwann wachen wir auf und erkennen, was im Leben wirklich wichtig ist, unter der Oberfläche all unserer Gedanken, Ideen und unserer Geschäftigkeit.

Hier nun Rilkes Gedicht:

Mein Leben ist nicht diese steile Stunde,
darin du mich so eilen siehst.
Ich bin ein Baum vor meinem Hintergrunde,
ich bin nur einer meiner vielen Munde
und jener, welcher sich am frühsten schließt.

Ich bin die Ruhe zwischen zweien Tönen,
die sich nur schlecht aneinander gewöhnen:
denn der Ton Tod will sich erhöhn –

Aber im dunklen Intervall versöhnen
sich beide zitternd.
Und das Lied bleibt schön.

Das Lied ist das Leben selbst und das Versöhnen im dunklen Intervall bedeutet, dass wir alles, was sich in unserem Geist und in unserem Leben zeigt, auf eine Weise halten, dass wir beide Aspekte umfassen können: „Die Ruhe zwischen den Tönen" und die Erfahrung, dass sie sich „nur schlecht aneinander gewöhnen". In dieser Versöhnung, in der Harmonie, ist der Ausdruck des Lebens ein Zittern, voller Lebendigkeit und mit Gewahrsein: dieser Moment, so wie er ist, der Raum „zwischen zweien Tönen". Mit meiner ganzen Geschichte im Gepäck, mit all den Momenten, die zu diesem Augenblick geführt haben, stehe ich jetzt hier wie „ein Baum vor meinem Hintergrunde".

Die Vier Quartette

T. S. Eliot schreibt in seinem Gedichtzyklus *Vier Quartette:*

Unerkannt, weil nicht erwartet,
Aber gehört, halb-gehört, in der Stille
Zwischen zwei Wellen der See.

Damit sagt er genau das gleiche wie Rilke: die „Stille zwischen zwei Wellen der See", diese Stille ist immer anwesend.

Folgen wir dem Atem, so lernen wir vor allem eines: Wenn unser Geist sehr unruhig und wechselhaft ist, können wir seine Wellen nicht abschalten. Von dem Versuch bekommen wir wie gesagt nur Kopfschmerzen. Was wir aber können, ist, unter die Wellen des Geistes hinabzutauchen, so wie wir unter die Wellen des Ozeans tauchen können, hinein in diese tiefe Stille. Wir können unter die Unruhe und Wechselhaftigkeit der Gedanken an der Oberfläche hinabtauchen – unter die Aufregung, die Angst oder was auch immer gerade vor sich gehen mag. Dort werden wir erfahren, dass die Stille, dieser Raum „zwischen zweien Tönen", immer anwesend ist. Es gibt keinen Moment, in dem diese Stille nicht da wäre, deshalb müssen wir auch nirgendwo hingehen.

Hier nun das ganze Gedicht, das diesen Teil der *Vier Quartette* abschließt:

Werden wir nicht nachlassen in unserem Kundschaften
Und das Ende unseres Kundschaftens
Wird es sein, am Ausgangspunkt anzukommen
Und den Ort zum ersten Mal zu erkennen.
Durch das unbekannte, erinnerte Tor,
Wenn der letzte Fleck Erde, der zu entdecken bleibt,
Jenes ist, das den Anfang gebildet;
An dem Quellengrund des längsten Stromes
Die Stimme des verborgenen Wasserfalls,
Und die Kinder im Apfelbaum,
Unerkannt, weil nicht erwartet,
Aber gehört, halb-gehört, in der Stille
Zwischen zwei Wellen der See.
Rasch nun, hier, jetzt, immer –
Ein Zustand vollendeter Einfalt
(Der nicht weniger kostet als alles)
Und alles wird gut sein,
Jederlei Ding wird gut sein und

Wenn die Feuerzungen sich nach innen falten
Zum Schifferknoten aus Feuer
Und eins werden Feuer und Rose.

Der Atem als Kreisbewegung

Besonders wichtig am Atem ist für mich, dass er eine Kreisbewegung ist. Auf atomarer oder molekularer Ebene kreist das Universum durch uns, und wir kreisen im Universum. Wir sind ein Teil der Biosphäre und ihrer Kreisläufe, deshalb werden die Kohlenstoffatome in unserem Körper als Kohlendioxid zurück in die Umwelt geatmet, wo die Pflanzen und Tiere sie wieder aufnehmen. Als Lebensform befinden wir uns also in einer dynamischen Balance. Dabei werden alle Atome unseres Körpers regelmäßig vollkommen erneuert – einige Wissenschaftler sagen, dass dies jedes Jahr geschieht, andere sind der Ansicht, dass wir dafür sieben Jahre brauchen. Wie dem auch sei, fest steht, dass sich unser Körper mit dem Rest der Welt austauscht.

Und weil unser Körper aus Billiarden von Atomen besteht, kann man davon ausgehen, dass wir auch Atome unserer Vorfahren in uns haben. Atome von Abraham Lincoln, von Jesus und vom Buddha stecken in unserem Körper. Und alle diese Atome sind in Supernovae, in den explodierenden Sternen des frühen Universums entstanden. Sie wurden ins All geschleudert und haben sich dort zu diesem sonderbaren, Wasser enthaltenden Planeten verdichtet, der um einen merkwürdigen, unbedeutenden Stern in einer unbedeutenden Galaxie in einer abgelegenen Ecke dieses unendlichen Universums kreist. Und alle Orte in diesem Universum entfernen sich voneinander in einer ständigen Expansion.

Unser Atem verbindet uns mit den Kreisläufen sowohl der organischen wie auch der anorganischen Welt. In gewisser Weise atmet der ganze Planet, er befindet sich in einem ständigen Kreislauf, von dem unser Körper ein Teil ist. Der Körper entsteht und wird geboren als diese bemerkenswerte

Ansammlung von Atomen und Energie, die eine bestimmte Form bildet. Er lebt für eine Weile und dann verwandelt er sich wieder und gibt seine Bestandteile weiter. Zum Beispiel durch die Gene, die wir an unsere Kinder vererben. Das Leben bewegt sich also ständig durch uns hindurch und der Atem ist ein Symbol dafür, er trägt diese Wahrheit auf eine wunderbare Weise in sich.

Ich möchte noch einmal auf das Bild mit den Wellen zurückkommen, die sich im Meer heben und senken. Wir können uns unser eigenes Leben als eine Welle im Ozean vorstellen, die sich aus dem Universum zwar heraushebt, doch weiterhin ein Teil davon ist. Wir haben unsere eigene Identität, diesen Körper, dieses Leben und diese Sozialversicherungsnummer. Aber schließlich senkt sich unser Leben wieder in das Universum zurück. Es hebt und senkt sich in einem ewigen Lebenszyklus. Wie sagte Einstein noch? „Es gibt keinen Moment, in dem wir getrennt sind, aber wir denken oft, dass wir es sind."

Ein Schatz, den wir für selbstverständlich halten

Direkt im guten alten Atem, unmittelbar vor unserer Nase sozusagen, liegt ein Schatz, den wir für völlig selbstverständlich halten. Wir müssen das Atmen nicht mal üben, bevor wir mit dieser inneren Ordnung, diesem Schatz, in Kontakt kommen. Allerdings brauchen wir meist eine gewisse Zeit, bis wir die Kraft des Atems erkennen. Das ist einer der Gründe, warum wir die Meditation üben müssen. Wenn Sie regelmäßig meditieren, werden Sie entdecken, dass dieser Schatz in jedem Atemzug steckt. Jetzt, genau in diesem Atemzug. Wir brauchen nur unsere Aufmerksamkeit zu schärfen und unsere Geduld zu vertiefen, damit wir damit in Kontakt kommen können.

Yogīs wissen dies seit Jahrtausenden, denn im Yoga gibt es ausgefeilte spirituelle Wissenschaften, die sich mit dem Atem beschäftigen. Dieses

Wissen ist auch der Kern sämtlicher Übungen in allen Meditationstraditionen. Der einfache, unscheinbare Atem kann also in Wirklichkeit ein außergewöhnliches Tor zu einer Welt sein, die sehr viel Fülle und Struktur beinhaltet. Darin gibt es viel größere Möglichkeiten für den inneren Reichtum in unserem Leben, als wir es uns vorstellen können.

Diese Einsicht möchte ich Ihnen als Herausforderung anbieten. Mein Ziel ist nicht, dass Sie sie einfach glauben und darüber sprechen oder meine Worte zitieren. Es ist eine Einladung an Sie, selbst herauszufinden, ob es wahr ist oder nicht, indem Sie in Ihrem eigenen Leben und auf Ihren eigenen Atem acht geben. Es kostet Sie nichts, Sie brauchen keine hundert Euro teuren Joggingschuhe, um einfach zu sitzen und zu atmen. Sie haben hier und jetzt schon die ganze Ausrüstung, die Sie benötigen. Sie müssen sich lediglich ein wenig Zeit nehmen. Aber weil Sie immer atmen, gibt es eigentlich keinen Moment, in dem Sie es nicht ausprobieren könnten.

Manchmal ist es hilfreich, in einer *formellen Weise* zu praktizieren, und zwar, indem wir uns hinsetzen und uns nur auf unseren Atem konzentrieren, ohne gleichzeitig herumzulaufen und hundert andere Dinge zu erledigen. Jetzt spreche ich also nicht über das Atmen beim Autofahren oder das Atmen unter der Dusche oder das Atmen beim Abwaschen, Staubsaugen oder bei der Liebe. Meditation bedeutet, sich nur auf den Atem zu konzentrieren, während der Körper still ist. Fünf Minuten sind schon ein guter Anfang.

Wir werden in diesem Buch einige Methoden kennenlernen, die wir nutzen können, um diese formelle Praxis zu üben und sie in unserem Leben zu verankern.

Das Wichtigste bei der Kultivierung von Achtsamkeit aber ist *die Achtsamkeit im Alltag*. Damit ist gemeint, dass wir achtsam sind, während wir unsere alltäglichen Aufgaben erledigen und all die Dinge tun, die uns als Menschen ausmachen. Wir tun diese Dinge und sind gleichzeitig wach dabei, wir experimentieren oder spielen mit den verschiedenen Qualitäten, die uns zugänglich sind, wenn wir unser Leben in dieser Weise leben.

Einige Empfehlungen

Nun möchte ich Ihnen einige Empfehlungen geben, mit denen Sie im Laufe des Tages experimentieren können. Eine davon besteht darin, beim Gehen auf der Straße oder auf dem Flur Ihres Büros mit Ihrem Atem in Verbindung zu bleiben. Auch wenn Sie am Aufzug warten, können Sie sich kurz auf den Atem besinnen: „Oh ja, ich bin hier und atme." Es geht nicht darum, über den Atem nachzudenken, sondern darum, ihn zu fühlen. Das können Sie zu jeder Tageszeit üben, beim Autofahren oder wenn Sie zu Hause etwas erledigen. Besinnen Sie sich von Zeit zu Zeit auf den Atem und verbinden Sie sich mit ihm: „Hier bin ich, in diesem Moment." Sie können sich dabei aufrichten und die Mittelachse Ihres Körpers wirklich spüren. Ein, zwei Atemzüge genügen schon.

Sie können auch damit experimentieren, die Qualität Ihres Atems zu beobachten, wenn Sie Emotionen wahrnehmen. Versuchen Sie dabei aber nicht, den Atem irgendwie zu verändern. Der Atem ist sehr stark mit unseren Emotionen verbunden. Ein tiefer Seufzer beispielsweise sagt so einiges. Wenn Sie auf Ihren Atem hören, erfahren Sie also etwas über Ihre Stimmungszustände. Sind wir verärgert, fühlen wir uns verletzt oder spüren wir Wut, reagiert der Atem auf sehr interessante Weise. Wenn wir uns mit dem Atem verbinden, können wir tatsächlich viel besser wahrnehmen, was gerade im Auf und Ab, in den Turbulenzen und Stürmen unserer Emotionen geschieht. Und daraus können wir lernen, wie wir vielleicht anders mit unseren Emotionen umgehen können.

Es ist nichts Falsches an unseren Emotionen, und so, wie wir die Wellen im Ozean nicht anhalten und die Gedanken im Geist nicht unterdrücken können, so geht es selbstverständlich auch nicht darum, Emotionen zu unterdrücken. Es ist vollkommen in Ordnung, Ärger oder Wut zu fühlen – allerdings kann unsere Reaktion auf diese Gefühle viel verändern. Ich arbeite oft mit Menschen im Gefängnis. Sie haben in einem Moment ihres Lebens die Kontrolle über sich verloren und das hat nun schwerwiegende Konsequenzen. Sie sagen dann: „Ich habe nur noch rotgesehen", oder „Ich weiß nicht, wie es passiert ist." Wenn wir so die Verbindung zu uns selbst verlieren, tun wir Dinge, die wir eigentlich gar nicht tun wollen. Dinge, die weder in unserem eigenen noch im Interesse anderer Menschen sind. Aber wenn wir sie getan, also im Extremfall ein Verbrechen begangen haben, wenn wir also achtlos einem bestimmten Impuls gefolgt sind, dann hat dies Konsequenzen. Und zwar egal, ob wir eingesperrt werden oder nicht.

Die Möglichkeit, mit unserem Leben verbunden zu sein, während es sich entfaltet, besonders auch dann, wenn wir unter Stress stehen oder wichtige Entscheidungen treffen müssen, ist hier und jetzt vorhanden. Wenn wir in diesem Augenblick aufmerksam sind und ihm mit einer gewissen Sorgfalt und Geistesgegenwart begegnen, können wir uns mithilfe des Atems in diesen Moment vertiefen. Der nächste Moment wird sich dann anders entfalten, als es ohne diese Art der Sorgfalt und Aufmerksamkeit möglich gewesen wäre. Es gibt dabei keine Garantie dafür, was im nächsten Moment geschehen wird, aber es ist wahrscheinlich, dass es nicht dasselbe sein wird, wie üblicherweise: gewohnheitsmäßig reaktiv und oft mit einer ganzen Reihe ungewollter Konsequenzen.

Dies sind also einige Anregungen, um mit dem Atem zu experimentieren. Da der Atem immer bei Ihnen ist, können Sie ihn nutzen, um sich zu erinnern, dass Sie stets im Jetzt sind: „Ich bin jetzt und hier." Und dann? Atmen Sie in diesem Moment und sehen Sie selbst. Was für ein Abenteuer!

Bezüglich der formellen Meditation möchte ich noch darauf hinweisen, dass es auch hilfreich sein kann, allein, also ohne Anleitung zu praktizieren. Es muss nicht lange sein, fünf oder zehn Minuten sind ein guter Anfang. Ratsam ist allerdings, dass Sie vorher festlegen, wie lange Sie sitzen wollen. Wenn Sie sich vornehmen, zehn Minuten zu sitzen, aber nach fünf Minuten denken: „Ach, das war jetzt genug", dann bleiben Sie sitzen. Bleiben Sie bei Ihrer ursprünglichen Absicht und beobachten Sie, was passiert, wenn Sie sich einfach daran halten, hier zu sitzen, den Atem und sich selbst zu beobachten und einfach nur zu sein. Und wenn es dann Zeit ist, die Meditation zu beenden, tun Sie es in einer würdevollen Weise.

Vom Ende der Meditation zu sprechen ist natürlich etwas merkwürdig, denn Ihr Atem wird einfach weitergehen. Vielleicht gelingt es Ihnen, in Ihrer Achtsamkeit eine nahtlose Kontinuität zu entwickeln, auch wenn Sie Ihre Meditation zu einer bestimmten Zeit formell beenden, Ihre Augen öffnen, aufstehen und etwas anderes tun. Sie können weiterhin Ihren Körper spüren, Sie können weiterhin bei Ihrem Atem sein, Sie können sich weiterhin mit dem sich entfaltenden Leben verbinden. So wie ich es mit der Analogie vom Schatz beschrieben habe: Es gibt hier eine unglaubliche Kraft, aber Sie müssen sie selbst entdecken. Niemand kann das für Sie tun. Wenn Sie möchten, können Sie dies als eine Herausforderung annehmen.

Die Patienten, die in unsere Klinik überwiesen werden, befinden sich sehr häufig in irgendeiner Form von Lebenskrise. Manchmal bitten wir sie am ersten Tag, sich den anderen mit dieser Frage vorzustellen: Wenn Ihr Leben ein Buch wäre, wie würde der Titel lauten? Und in welchem Kapitel sind Sie jetzt?

Das ist eine interessante Weise, die Dinge zu betrachten, denn unser Leben ist eine Reise, ein Abenteuer, und vor allem auch eine Geschichte. Aber diese Geschichte kann sehr unterschiedlich erzählt werden. Oft verfälschen und zensieren wir sie. Es gibt Momente in unserem Leben, in denen wir uns verloren oder überwältigt fühlen, weil wir sehr dunkle Zeiten durchstehen müssen.

Wenn Menschen in die Klinik für Stressbewältigung kommen, erwarten sie häufig, dass sie etwas Nützliches lernen, um mit all den Dingen umgehen zu können, mit denen sie Schwierigkeiten haben. Oft wissen sie nicht, was sie als Nächstes tun oder wohin sie gehen sollen, sie fühlen sich verloren oder haben sich verirrt. Das kann zu starken Gefühlen von Panik und Hoffnungslosigkeit führen.

Wir fordern diese Menschen auf, mit uns die Arbeit zu tun, die wir in der Klinik entwickelt haben, und zwar auf der Grundlage, dass alles, was sie erfahren und fühlen in Ordnung ist. Es ist in Ordnung, dass sie gerade dort in ihrem Leben stehen, wo sie stehen. Zumindest ist es in Ordnung für uns – die Frage ist dann, ob auch die Patienten selbst diese Haltung einnehmen können.

Dante beginnt seine *Göttliche Komödie* mit den Worten:

Als unseres Lebens Mitte ich erklommen,
Befand ich mich in einem dunklen Wald,
Da ich vom rechten Wege abgekommen.

Er hatte sich verirrt. Es ist eine Metapher für Momente in unserem Leben, in denen wir nicht wissen, wohin wir gehen, und auch nicht genau wissen, wo wir sind. Und wir sagen, dass das völlig in Ordnung ist. Wo steht geschrieben, dass man sich nicht manchmal auch verirren darf oder dass es nicht in Ordnung ist, verwirrt zu sein? Verwirrung ist schlicht ein Geisteszustand, so wie Langeweile, Angst, Freude oder Glück. Es sind einfach nur Geisteszustände, wie das Wetter, wie Wolken oder Stürme, die kommen und gehen. Und Stürme kommen und gehen auch im Geist, wie wir später noch ausführlicher besprechen werden.

Verirrt

Ich lese gern ein wunderbares Gedicht aus David Whytes Buch *The Heart Aroused* vor, das aus der Tradition der amerikanischen Ureinwohner stammt. Sein Titel lautet *Verirrt*. Es ist die Antwort eines Indianerältesten auf die Frage eines Kindes: Was kann ich tun, wenn ich mich im Wald verirrt habe? Der Älteste sagt:

Steh still. Die Bäume vor dir und die Büsche neben dir
Haben sich nicht verirrt. Wo immer du auch bist, ist Hier,
Und du musst sie wie einen mächtigen Fremden behandeln,
Musst um Erlaubnis fragen, um sie zu kennen und erkannt zu werden.
Der Wald atmet. Höre. Er antwortet:
Ich habe diesen Ort, der dich umgibt, geschaffen,
Wenn du ihn verlässt, wirst du vielleicht wiederkommen
Und sagen: Hier.
Für den Raben gleicht kein Baum dem anderen.
Für den Zaunkönig gleicht kein Zweig dem anderen.
Wenn du das, was ein Baum oder ein Busch tut, nicht verstehst,
Dann hast du dich ganz sicher verirrt. Steh still. Der Wald weiß
Wo du bist. Du musst dich von ihm finden lassen.

Bei der Meditationspraxis geht es also darum, stehen zu bleiben, innezuhalten. Manchmal tun wir dies im Sitzen, dann nennen wir es Sitzmeditation. Manchmal tun wir dies im Liegen, dann nennen wir es Meditation im Liegen. Und wenn wir im Stehen innehalten, dann ist es eine Meditation im Stehen. Worum es bei diesem Innehalten wirklich geht, ist, dass wir uns erlauben, still und präsent zu sein. Wenn wir das, was ein Baum, ein Busch, unser Partner, unsere Partnerin, unser Kind oder unser Körper in diesem Moment tut, nicht bemerken, dann haben wir uns ganz sicher verirrt.

Das Abenteuer der Achtsamkeit besteht also darin, dass wir sicherstellen, dass das, was uns die Welt gibt, nicht unbemerkt bleibt. Wenn wir denken, dass wir uns verirrt haben, ist das völlig in Ordnung, denn es ist einfach nur ein Gedanke. Manchmal verirren wir uns, manchmal findet uns jemand. Aber manchmal führt uns das Abenteuer des Verirrtseins an Orte, die sehr wichtig für uns sind. Das ist die Botschaft, die *Die Göttliche Komödie* vermittelt; Dante musste hinabsteigen in die Verzweiflung, in einen Albtraum, den er als Inferno bezeichnete, bevor er wieder aufsteigen und auf dem Berggipfel stehend die Welt sehen und verstehen konnte.

Manchmal müssen wir in die Unterwelt hinab und es kann uns so vorkommen, als würden wir so weit nach unten gehen, dass wir nie wieder ans Licht kommen. Auch diese innere Arbeit, bei der wir uns deprimiert, hilflos oder hoffnungslos fühlen, können wir in gewisser Weise in Achtsamkeit halten und die darin enthaltenen Energien würdigen. Irgend etwas entwickelt sich in diesen Gefühlszuständen, eine tiefe Form des Ringens, eine Neuordnung unserer Atome und Moleküle. Dieser Prozess wird schließlich dazu führen, dass wir wieder hinauf ins Licht kommen. Aber es ist ein neues Ich, das in das Licht tritt, denn wir sind durch einen Transformationsprozess gegangen, zu dem auch ein gewisses Maß an Hitze, ein Feuer, eine Neuordnung gehören. Das ist nicht immer angenehm.

Steh still. Die Bäume vor dir und die Büsche neben dir
Haben sich nicht verirrt. Wo immer du auch bist, ist Hier,
Und du musst sie wie einen mächtigen Fremden behandeln,
Musst um Erlaubnis fragen, um sie zu kennen und erkannt zu werden.
Der Wald atmet. Höre. …
Wenn du das, was ein Baum oder ein Busch tut, nicht bemerkst,
Dann hast du dich ganz sicher verirrt. Steh still. Der Wald weiß
Wo du bist. Du musst dich von ihm finden lassen.

4 Den Boden bereiten

Veränderung zulassen

In gewisser Hinsicht befinden wir uns während der Meditation außerhalb der Zeit. Wenn wir im Augenblick sind, treten wir aus dem Vergehen der Zeit heraus in die Gegenwärtigkeit. Wir sind uns des Vergehens der Zeit nicht mehr in gleicher Weise bewusst. Sobald wir aber eine unangenehme Erfahrung machen, Widerstand spüren oder Schwierigkeiten erleben, scheint es unerträglich zu sein, im gegenwärtigen Moment zu verweilen.

In solchen Situationen ist es wichtig, sich daran zu erinnern, dass dies ein selbstverständlicher Teil dessen ist, was wir im Labor dieser inneren Arbeit entdecken. Unsere Beziehung zu dieser Erfahrung kann sehr unterschiedlich sein, ebenso wie es für unsere Erfahrung beim Essen der Rosine tausende von Möglichkeiten gibt. Egal, ob wir Rosinen mögen oder nicht, ob wir hungrig sind oder nicht, die Meditation gibt uns die Gelegenheit, in unserer Erfahrung wirklich präsent zu sein und auf eine andere Weise mit ihr umzugehen. Falls Sie in diesem Prozess also an einen Punkt kommen, an dem Sie wirklich frustriert sind, haben Sie viele Entscheidungsmöglichkeiten: Sie können sich der Erfahrung verschließen und das Programm abbrechen, aber Sie können auch dabei bleiben und mit Ihren Reaktionen arbeiten. Dies ist ein Teil der inneren Arbeit der Meditation. Ob Sie sich dabei langweilen, ist eigentlich unwichtig. Vielleicht können Sie die Langeweile oder die Frustration oder die Ungeduld sogar zum Gegenstand Ihrer Meditationspraxis machen. Wenn Sie sich dafür entscheiden, kann das Auswirkungen darauf haben, wie Sie mit ärgerlichen Situationen am Arbeitsplatz oder einem Problem in der Familie umgehen – all den Situationen, in denen wir geneigt sind, auf eine bestimmte Weise zu reagieren.

Das Gleiche trifft auch für unangenehme Körperempfindungen zu, wie wir schon angemerkt haben. Meditation ist nicht immer angenehm und bedeutet nicht, einfach nur entspannt zu sein. Manchmal erfahren wir tiefe Zustände der Entspannung und des Wohlbefindens; zu anderen Zeiten sind der Geist und der Körper unruhig oder fühlen sich unangenehm an. Das ist völlig in Ordnung: Wir tun alles in den Kessel der Achtsamkeit und lassen es sein wie es ist. Wenn wir dies regelmäßig, systematisch und diszipliniert tun, verlieren diese Zustände nach und nach die Kontrolle über uns. Wir entwickeln ein viel größeres Repertoire, um mit Stress, Schwierigkeiten und Lebensproblemen umzugehen.

Oft geht es gar nicht so sehr darum, dass wir die Probleme lösen, sondern wir können sehen, wie sie sich von selbst auflösen, wenn wir unsere Beziehung zu ihnen in einer bestimmten Weise verändern. Dann sind Dinge, die früher sehr herausfordernd waren, auf einmal kein Problem mehr. Das ist eine der Entdeckungen, die sich durch die Meditationspraxis einstellen können.

Ich empfehle Ihnen, die geführten Meditationen auf den beigelegten CDs immer wieder zu praktizieren. Es ist nicht so gedacht, dass Sie die Übungen einmal machen und die CDs dann weglegen, weil Sie glauben, sie „verstanden“ zu haben. Die Übungen bieten sich für das regelmäßige Praktizieren an – und diese Praxis ist eine Arbeit, die tatsächlich das ganze Leben dauert. Ich empfehle Ihnen deshalb, regelmäßig mit diesem Programm zu arbeiten und dabei zu beobachten, wie sich der Geist ständig verändert, wie Sie sich jeden Tag anders fühlen und anders auf die Übungen reagieren. All das ist Teil der Praxis, denn Achtsamkeit ist die Kultivierung der Fähigkeit, Veränderung zuzulassen.

Während sich die Dinge um uns herum verändern, behalten wir selbst unsere unveränderliche Bereitschaft, vollkommen präsent zu sein und mit den Dingen mitzugehen, so wie sie sind und sie einfach zu betrachten. Das heißt aber nicht, dass wir nicht auch langsam etwas verändern könnten. Das Ganze ist kein passiver Prozess, sondern vielmehr die Bereitschaft, mit der Wirklichkeit unseres Lebens zu tanzen, statt in einer Sackgasse stecken zu bleiben. Es gibt so viele Möglichkeiten, mit schwierigen Situationen umzugehen.

Sollten Sie sich dazu entschlossen haben, eine Achtsamkeitspraxis zu entwickeln und sie mit der Zeit zu vertiefen, können wir Wege finden, um den Boden dafür zu bereiten. Bei der Kultivierung von Achtsamkeit ist die Bereitung des Bodens ein wichtiger Schritt. Es gibt bestimmte Haltungen oder Faktoren einer inneren Einstellung, die uns bei der Vertiefung der Praxis helfen können, wenn wir unsere Aufmerksamkeit auf sie richten. Sie können uns dabei helfen, unsere Praxis zu vertiefen, so dass sie nicht zu einer Art Technik wird, die wir einfach anwenden. Meditation ist keine Technik, sondern eine Seinsweise. Es ist eine Weise, im gegenwärtigen Moment präsent zu sein. Wir meditieren also nicht nur, wenn wir uns danach fühlen. Wenn wir wirklich praktizieren, dann tun wir es jeden Tag, egal, ob unser Leben gerade auseinander fällt, oder ob es fantastisch ist. Es lohnt sich immer, im gegenwärtigen Moment zu sein.

Die rechte Einstellung und Disziplin entwickeln

Wir können Achtsamkeit also als eine Seinsweise kultivieren. Es gibt in diesem Prozess einige Haltungen und Einstellungen, auf die wir achten und die wir pflegen sollten, weil sie sehr hilfreich sind. Eine davon ist unsere *Absicht:* „Ja, mein Leben ist wichtig genug, dass ich mir jeden Tag etwas Zeit nehme, um einfach nur zu sein."

Nun wissen wir alle, was mit unseren Neujahrsvorsätzen für gewöhnlich passiert. Wir fassen einen Entschluss und ein Teil unseres Geistes ist davon überzeugt, dass dieser Entschluss wirklich wichtig ist. Aber schon am nächsten Tag, wenn wir ihn umsetzen wollen, kommen uns alle möglichen Ausreden in den Sinn: Ich bin zu beschäftigt, ich habe gerade keine Zeit dafür. Und zehn Jahre später merken wir dann, dass wir immer noch nicht mit dem Meditieren begonnen haben.

Die Absicht ist also entscheidend: Diese Praxis ist mir wichtig genug, ich bin mir wichtig genug, dass ich jeden Tag etwas Zeit reserviere, um einfach nur zu sein und nichts zu tun. Das können fünf oder 35 Minuten sein. In der Klinik bitten wir unsere Patienten 45 Minuten am Tag zu meditieren, sechs Tage in der Woche, acht Wochen lang. Wir brauchen ein gewisses Maß an Motivation und Regelmäßigkeit in der Übung, um wirklich zu erfahren, worum es dabei geht. Diese Praxis hat wunderbare Wirkungen, aber sie sind sehr subtil. Man kann Dinge wie die Aufmerksamkeit auf den Atem und die eigenen Geisteszustände auch oberflächlich abtun und einfach so weitermachen wie bisher. Doch wenn wir verstehen wollen, was wir da eigentlich in unserem Leben tun, und wenn wir uns entwickeln wollen, dann wird die Absicht, zu praktizieren, sehr wichtig. Es sollte aber keine angestrengte, rigide oder gar militärische Haltung sein, in der man sich jeden Morgen zur Meditation zwingt. Unserer Haltung sollte entspannt sein, sanft und liebevoll, aber entschlossen: Wie eine Gitarrensaite, nicht zu fest, nicht zu locker – das ist die rechte Motivation und die rechte Absicht.

Aber vor allem müssen wird es wirklich tun. Unseren Patienten in der Klinik sagen wir, dass es nicht darum geht, ob ihnen das Meditieren Spaß macht, sie sollen es einfach nur tun. Am Ende der acht Wochen können sie dann feststellen, ob es etwas genützt hat. Und wenn währenddessen irgendwelche Gedanken oder Einwände in unserem Geist auftauchen, etwa „Das ist Unsinn, es bringt nichts, ich werde noch angespannter“, üben wir einfach weiter. Was immer sich zeigt, wir können weiterüben, unseren Geist beobachten und sehen, wohin uns das führt, ohne es zu beurteilen.

Diese *rechte Art der Anstrengung,* die mit der Absicht einhergeht, ist eine weitere der eingangs erwähnten hilfreichen Haltungen: Es geht um das rechte Maß von Anstrengung, kein Streben oder Druck, aber auch keine übertriebene Lockerheit, in der wir nur dann praktizieren, wenn wir uns danach fühlen: „Ja, wenn ich am Strand von Hawaii liege, dann werde ich meditieren." Nein, jeder Ort ist ein guter Ort zum Meditieren, egal, wo wir sind.

Damit wir das schaffen, brauchen wir auch ein gewisses Maß an *Selbstdisziplin.* Disziplin hat heutzutage keinen guten Ruf. Doch wenn wir genauer darüber nachdenken, stellen wir fest, dass wir alle schon ziemlich diszipliniert sind. Jeden Tag für unsere Familie zu arbeiten und sie zu ernähren, erfordert eine bestimmte Disziplin. Wenn unsere Kinder nach Hause kommen, sagen wir ihnen nicht, dass wir heute keine Lust hatten, einkaufen zu gehen, und dass es deshalb nichts zu essen gibt. Unserem Chef sagen wir nicht, dass wir am Morgen keine Lust hatten, aufzustehen, als der Wecker klingelte. Wir sind also schon sehr diszipliniert: Wir stehen auf, ziehen uns an, gehen zur Arbeit, kümmern uns um unsere Kinder. Jeden Tag tun wir viele Dinge mit großer Disziplin, Wäsche waschen, bügeln, sauber machen. Manchmal wird es so viel, dass wir uns fragen, ob es nicht noch etwas anderes gibt im Leben.

Doch der Punkt ist, dass sich diese Disziplin in der Regel nur auf materielle Belange und die Außenwelt bezieht. Die Praxis der Achtsamkeit lädt uns ein, einen Teil dieser Disziplin auf unser inneres Wohlbefinden und unsere persönliche Entwicklung zu richten. Die Meditationspraxis ist also auch eine Disziplin und wir bringen sie eine Zeit lang auf, egal ob wir uns danach fühlen oder nicht. Dann werden wir selbst herausfinden, ob wir etwas daraus lernen können. Es ist eine tiefgreifende Veränderung des eigenen Lebensstils, wenn wir uns dazu entschließen, dies regelmäßig zu üben. Unser ganzes Leben wird sich verändern, wenn wir uns jeden Tag zehn Minuten nehmen, um einfach nur zu sitzen und zu sein. Sie denken nun vielleicht: „Was ist denn daran so anders als zu schlafen? Ich nehme mir jeden Tag schon acht Stunden Zeit, um genügend Schlaf zu bekommen. Ich lege mich hin und verlasse auf geheimnisvolle Weise meinen Körper und wache am nächsten Tag erfrischt wieder auf. Warum soll ich mir auch noch jeden Tag zehn oder vierzig Minuten Zeit zum Meditieren nehmen?" Nun, der entscheidende Unterschied liegt darin, ob wir dabei präsent sind oder nicht. Im Gegensatz zum Schlaf geht es bei der Meditation um Wachheit und Präsenz.

Einige Faktoren zur Reflexion

Ich habe es mir zur Gewohnheit gemacht, jeden Tag Zeit für die Praxis zu reservieren, und meditiere mindestens eine Stunde am Morgen. Weil mein Leben sehr geschäftig ist, schlafe ich dafür eine Stunde weniger. Diese regelmäßige Übung praktiziere ich nun seit nahezu vierzig Jahren und empfinde sie als sehr bereichernd.

Einer der Faktoren, der im Zusammenhang mit der Meditationspraxis wichtig ist, ist das *Nicht-Urteilen.* Das findet sich auch in den Anleitungen zur Achtsamkeit: nicht urteilendes Gewahrsein in jedem Moment. Dabei geht es nur darum, dass wir uns unserer Impulse bewusst werden, ständig alles zu bewerten. Wir müssen nichts dagegen tun, also zum Beispiel nicht bewusst mit dem Urteilen aufhören. Wir sollten uns einfach bewusst sein, wie oft wir urteilen.

Ein weiterer wichtiger Faktor ist *Geduld.* Wir können uns bewusst werden, wie oft wir wollen, dass etwas Bestimmtes geschieht, wir an einen anderen Ort gelangen oder dafür sorgen, dass etwas schneller geht. Fast wie ein Kind mit einer Schmetterlingspuppe, das so ungeduldig darauf wartet, dass endlich der Schmetterling herausschlüpft, dass es vor lauter Ungeduld die Puppe mit Gewalt aufreißt. Oder das versucht, eine noch nicht aufgeblühte Rose zum Erblühen zu bringen, indem es die Knospe aufbricht.

Aber wir können solche sich natürlich entfaltenden Prozesse nun mal nicht beschleunigen. In der Zen-Tradition gibt es einen wunderbaren

Spruch: „Versuche nicht, den Fluss anzuschieben." Die Dinge entfalten sich ganz von selbst. Das zu wissen ist wichtig, es zeugt von Geduld: Wir verstehen, dass sich die Dinge in ihrer eigenen Zeit entfalten. Hierzu brauchen wir auch Weisheit, denn ansonsten würden wir immer darauf drängen, dass die Dinge sich so entfalten, wie wir es wollen oder uns vorstellen. So als wüssten wir, wie die natürliche Entfaltung der Dinge aussieht.

Jeder von uns geht seinen eigenen Weg und manchmal fragen wir uns: „Was ist eigentlich mein Weg?" Das ist eine Möglichkeit für ein unsanftes Erwachen: Denn wenn wir alles haben würden, was wir uns wünschen, wären wir dann glücklich? Vielleicht wären wir einige Sekunden glücklich, aber dann würden wir schon wieder etwas anderes wollen. Was also ist Ihr Weg?

Auch *Vertrauen* ist für die Meditationspraxis bedeutsam. Vertrauen können wir entwickeln. Achten Sie mal darauf, wie oft Sie sich selbst nicht vertrauen, ja, wie wenig Sie sich häufig für sich selbst interessieren: „Was, ich soll meinen eigenen Geist anschauen? Das ist das Letzte, das ich tun möchte, ich will viel lieber die Nachrichten hören oder einen Film sehen." Wir wollen irgendetwas tun und uns ablenken und nicht unseren eigenen Geist und unseren eigenen Körper beobachten. Darin können wir ein gewisses Maß an Misstrauen gegenüber der eigenen Erfahrung sehen.

Eine andere Haltung wäre, mit uns selbst geduldig zu sein und uns selbst etwas mehr zu vertrauen, denn vielleicht sind wir ja völlig in Ordnung, so wie wir sind. Wir müssen uns nicht unterhalten, ablenken oder aus diesem Moment flüchten. Stattdessen können wir diesem Moment vertrauen. Wenn wir anfangen, so über unser Leben nachzudenken und unsere Erfahrungen auf diese Weise zu betrachten, dann fällt uns möglicherweise auch auf, wie wenig wir auch anderen Menschen vertrauen. Wie wenig wir Intimität vertrauen. Wie wenig wir darauf vertrauen, dass jemand eine bestimmte Aufgabe erledigen kann, ohne dass wir demjenigen alles erklären. Dadurch wird die Kreativität in einer Gruppe zerstört, es bringt individuelle und gemeinsame Lernprozesse zum Stillstand. Oft sind wir uns dessen gar nicht bewusst, wir denken nur, dass wir es besser können als alle anderen.

Wir können also unsere Aufmerksamkeit auch auf das Vertrauen lenken. Auch dabei müssen wir nichts verändern, wir müssen nichts tun. Wir können uns einfach bewusst werden, ob wir vertrauen oder nicht vertrauen.

Anfänger-Geist

Eine weitere wichtige Haltung für die Kultivierung von Achtsamkeit ist *Offenheit*. Wir sprechen in diesem Zusammenhang auch vom *Anfänger-Geist*. Je älter wir werden, desto starrsinniger werden wir. Wir denken, wir wüssten alles oder meinen, wir würden uns mit einem bestimmten Thema auskennen. Natürlich haben auch schon Teenager klare Meinungen zu allen möglichen Themen, aber mit zunehmendem Alter wird diese Tendenz noch stärker und sie behindert uns auf vielerlei Weise. Wir glauben zu wissen, wer dieser Mensch ist, den wir hier vor uns haben, wir glauben zu wissen, was gerade geschieht oder wohin wir gehen.

Das Denken selbst schafft einen Schleier, der uns davon abhält, offen für neue Möglichkeiten zu sein. Die Voraussetzung dafür wäre nämlich ein gewisses Maß an Vertrauen, Geduld und Nicht-Urteilen. Diese Faktoren sind wie die Fasern eines Teppichs miteinander verwoben, sie sind wechselseitig miteinander verbunden und allesamt Aspekte des Anfänger-Geistes.

Auch wenn wir schon jahrelang meditieren, ist es wichtig, unseren Atem in jedem Moment so aufmerksam zu verfolgen, als täten wir dies zum ersten Mal. Ansonsten wird die Meditation zur Routine und wir verlieren die Frische der Praxis. Die Spontaneität, Kreativität und Überraschung des gegenwärtigen Moments gehen verloren, wenn wir denken, dass wir den Atem kennen, wenn wir ihn einmal aufmerksam erfahren haben. Ebenso könnten wir denken, wir wüssten, was ein Baum ist, nur weil wir einmal einen Baum gesehen haben.

Es ist also sehr wichtig, einen Anfänger-Geist zu kultivieren. Je mehr wir zum Experten werden, desto weniger Möglichkeiten haben wir. Im

Fernsehen sehen wir oft Experten, die bei einem Problem oder einer Frage gegensätzliche Meinungen vertreten. Nachdem wir ihnen zugehört haben, wissen wir oft auch nicht mehr als vorher. Manchmal ist es deshalb gut, das eigene Wissen loszulassen und etwas mit neuen Augen zu betrachten.

Damit verbunden ist ein weiterer Aspekt: *Akzeptanz*. Wir versuchen, die Dinge so zu sehen, wie sie wirklich sind. Wir fragen uns: Sehe ich hier wirklich das ganze Bild? Sobald unsere Ideen, Gedanken und Meinungen oder unsere Vorstellungen davon, wie die Dinge sein sollten, sich zwischen uns und die direkte Erfahrung der Wirklichkeit schieben, sehen wir die Situation so, wie wir sie gern sehen wollen. Dann kann es sehr schwierig für uns werden, zu akzeptieren, dass sie aber nun einmal so ist, wie sie ist.

Sobald wir uns jedoch mit der Wirklichkeit verbinden, eröffnen sich neue Möglichkeiten. Wir müssen also nicht versuchen, irgendwo hinzugehen, denn wir müssen nirgendwo ankommen. Wir erlauben uns einfach, dort zu sein, wo wir gerade sind, und dafür wach zu sein. Wir versuchen auch nicht, den Fluss anzuschieben. Dann können wir für unsere Erfahrung im gegenwärtigen Moment wirklich präsent sein – was wir auch als Nicht-Bemühen bezeichnen. Das ist eine weitere Haltung, auf die wir in unserem Leben achten können: Bemühen wir uns ständig, strengen wir uns an, versuchen wir, Dinge zu erzwingen oder irgendwo anders hinzukommen?

Diese Frage führt natürlicherweise noch zu einer weiteren Haltung: dem *Loslassen*. Wir lassen einfach los. Wenigstens für eine Sekunde können wir einmal alles aufgeben und alles so sein lassen wie es ist. Manchmal wird es auch so formuliert: Lass los und überlasse es Gott. Dann müssen wir nicht das gesamte Universum davon abhängig machen, dass wir etwas tun. Stattdessen könnten wir uns fragen: „Was würde mit dem Universum passieren, wenn ich nicht all diese wichtigen Dinge tue?" Darin tritt eine starke Anhaftung an das Wollen zutage, dass die Dinge sich in einer bestimmten Weise entfalten. Oder die Anhaftung an das Gefühl, wichtig zu sein oder gebraucht zu werden. Wir können es einfach sein lassen, um uns nicht mehr selbst im Weg zu stehen. So öffnen wir uns für neue kreative Möglichkeiten, die immer nur zu einer ganz bestimmten Zeit erscheinen: hier und jetzt, in diesem Moment, immer frisch und für uns da.

Die letzte Haltung, über die ich hier sprechen möchte, ist *Großzügigkeit.* Diese innere Haltung hat mit dem Bewusstsein eines gewissen inneren Werts zu tun, den wir einfach dadurch haben, dass wir Menschen sind. Und dass wir uns selbst mit Mitgefühl und Güte begegnen. Wir können uns der Großzügigkeit bewusst sein: Sind Sie möglicherweise gegenüber allen anderen großzügig, aber nicht sich selbst gegenüber? Gibt es die Möglichkeit, dass Sie großzügiger sich selbst gegenüber werden?

Auch in diesem Fall geht es nicht darum, dass wir etwas tun, sondern nur darum, den gesamten Komplex der Großzügigkeit bewusst wahrzunehmen. Wir können aufmerksam dafür sein, wie wir etwas geben. Machen wir uns selbst das Geschenk der Stille, in der wir nichts tun und nirgendwo hingehen müssen? Das englische Wort für Urlaub, *vacation*, bezieht sich auf das Wort *vacant*, also leer. Manchmal ist es sehr wichtig, dass wir selbst leer werden dass wir nicht mehr hektisch herumlaufen, sondern uns nur im Sein vertiefen. Dies ist ein bedeutsamer Akt der Großzügigkeit uns selbst gegenüber. Es ist kein Narzissmus, keine Selbstbezogenheit und auch keine Nabelschau. Denn wenn wir wollen, dass das Instrument, das wir sind, in der Welt wirkungsvoll erklingt, dann müssen wir es pflegen und richtig stimmen. Kein Orchester beginnt mit dem Spielen, bevor nicht die Instrumente gestimmt wurden. Wann stimmen wir unser Instrument?

Mithilfe der Haltungen, die ich soeben beschrieben habe, können wir den Boden unserer Achtsamkeitspraxis zutiefst fruchtbar machen. Das gilt gleichermaßen für die formelle Praxis wie für die Achtsamkeit im Alltag. Wir müssen nichts Besonderes tun. Allein indem wir unsere Aufmerksamkeit auf diese Faktoren richten, werden sich die Dinge in unserem Leben nach und nach in eine Richtung bewegen, die unnötige Unruhe und Probleme für uns vermeidet. Wir werden achtsamer. Dazu brauchen wir nicht einmal unbedingt formelle Meditation zu üben. Wir werden großzügiger, geduldiger, urteilen weniger und haben ein tieferes Vertrauen. Das wird von ganz allein eine gewisse Gelassenheit, Stabilität,

Ruhe und Ausgeglichenheit des Geistes mit sich bringen. Wir sind in der Lage, flexibler mit verschiedenen Möglichkeiten umzugehen, insbesondere mit unerwarteten Situationen, die uns normalerweise oft Stress bereiten. Es gibt genug Unruhe und Probleme in unserem Leben, die von außen auf uns zukommen, wir sollten also nicht noch selbst welche hinzufügen.

Die grundlegende Erkenntnis in der Stressbewältigung lautet, dass nicht der Stress selbst entscheidend ist, sondern wie wir mit ihm umgehen. Indem wir so den Boden bereiten, versetzen wir uns in die Lage, einen Weg zu entwickeln, um uns mit Wachheit durch das Auf und Ab und die Umwege und Übergänge des Lebens zu navigieren. Vollkommen verbunden, vollkommen präsent und zutiefst wertschätzend für das ganze Spektrum von Möglichkeiten, die uns von Moment zu Moment zur Verfügung stehen.

Die Bedeutung der Einfachheit

Die bekannte Malerin Georgia O'Keeffe, die die meiste Zeit ihres Lebens im Südosten der USA verbracht hat, sagte einmal über Angst: „Jeden Moment meines Lebens habe ich eine tiefe Angst gespürt, aber ich habe nie zugelassen, dass die Angst mich daran hinderte, das zu tun, was ich tun wollte." Wir können großen Widerstand gegen die Praxis der Meditation empfinden, aber das muss uns nicht daran hindern, zu meditieren. Alles, was wir brauchen, ist Entschlossenheit und die Absicht, es zu tun – egal, ob wir uns danach fühlen oder nicht. Dann öffnen sich ganze Universen, die direkt vor unseren Füßen liegen. Aber sie werden uns erst offenstehen, wenn wir uns selbst einladen.

Wir alle führen ein unglaublich geschäftiges Leben und es gibt viele Möglichkeiten, wie wir unser Leben bis zu einem gewissen Grad vereinfachen können. Meditation ist so eine Möglichkeit: Nichts muss sich verändern, aber wenn wir etwas Zeit reservieren, um einfach nur präsent zu sein, verankern wir uns in einer bestimmten Form von Struktur und Ruhe, die wahrscheinlich zuvor nicht da war. Oder vielleicht war sie da, aber nun finden wir sie unter all der Unordnung, dem Chaos und der Eile, die uns sonst oft antreiben. Ich habe T. S. Eliot zitiert, der sagte: „Ein Zustand vollkommener Einfachheit, der nichts weniger als alles von uns verlangt." Thoreau zog nach Walden, um sein Leben zu vereinfachen und eine Zeit lang in der Natur zu leben und zu sehen, was sie ihn lehren könne. Er sagte: „Ich zog in den Wald, weil ich den Wunsch hatte, mit Überlegung zu leben, dem eigentlichen, wirklichen Leben näherzutreten, zu sehen, ob ich nicht lernen konnte, was es zu lehren hätte, damit ich nicht, wenn es zum Sterben ginge, einsehen müsste, dass ich nicht gelebt hatte."

Immer wieder kommt er auf dieses Thema der Einfachheit und der Vereinfachung zurück: Weniger ist mehr, wir müssen nicht notwendigerweise danach trachten, immer mehr anzusammeln. Im Boden des Waldes, in den Vögeln oder den Bäumen ist bereits das ganze Universum enthalten. Wenn wir sehen und hören, wie im Frühling das Eis schmilzt oder sich im Herbst die Blätter golden färben, erkennen wir, dass es so viel Schönheit in der Welt gibt, die wir in der Stille der Natur erfahren können. Wir müssen unser Leben also nicht noch komplizierter machen.

Nichtsdestotrotz leben wir in einer Zeit, in der ein Jahrtausend zu Ende gegangen ist, und ein neues Millennium begonnen hat. Wir sind umgeben von einer komplexen Welt, die nie wieder so einfach sein wird wie früher. Es ist eine digitale Welt, deren Merkmal eine völlige wechselseitige Verbundenheit und Kommunikation in Lichtgeschwindigkeit ist. Das führt auch zu Problemen, denn nun kann uns unsere Arbeit überall finden: Durch Smartphones, Tablets und Computer gibt es kaum wirkliche Freizeit. Wir müssen also neue Möglichkeiten finden, um einfach zu sein und uns vor dem Ansturm und dem negativen Druck der Technik zu schützen, die immer mehr in immer weniger Zeit tun kann. Für uns alle ist es eine wichtige Aufgabe herauszufinden, wie wir das Wichtigste und Einfachste in unserem Leben bewahren können. Darauf gibt es keine leichte oder pauschale Antwort, aber die Frage selbst ist schon ein Teil des Abenteuers des Lebens und der Kultivierung von Achtsamkeit, Flexibilität und Ausgeglichenheit.

5 Das Nicht-Tun kultivieren

Die Bereiche des Nicht-Tuns

Wir haben schon gesehen, dass Meditation eine Form des Nicht-Tuns ist. In unserer Kultur ist Nicht-Tun eine ungewöhnliche Haltung, denn das Tun wird bei uns allgemein sehr wertgeschätzt. Wir leben in einer Welt des Fortschritts, des ständigen Wachstums. Meditation hingegen ist eine Einladung, langsamer zu werden, zu sein, und aus der Zeit herauszutreten, was man auch als Nicht-Tun beschreiben könnte. Das Nicht-Tun ist uns aber eigentlich vertrauter, als wir glauben. Zu jeder Meisterschaft gehört auch das Nicht-Tun. Wir arbeiten hart daran, uns selbst zu entwickeln und die technischen Fertigkeiten oder ein bestimmtes Handwerk zu erlernen, aber an einem bestimmten Punkt erfahren wir Momente, in denen sich alles ganz fließend entfaltet. Wir haben das Gefühl, dass wir es gar nicht selbst tun, sondern dass es von allein geschieht. Die Voraussetzung für diese Erfahrung ist aber das vorherige Training und die Entwicklung der Fertigkeiten.

Im Hochleistungssport passiert das sehr häufig. Wenn Sportler beim Tennis, Schlittschuhlaufen oder Baseball Höchstleistungen erzielen, sagen sie nachher oft: „Ich weiß auch nicht, wie ich das gemacht habe, ich war in besonders guter Verfassung, es war nicht ich, der es getan hat. Es hat einfach alles gepasst." Natürlich sind es die Sportler, die diese Leistungen vollbringen, aber in gewisser Weise geschieht es auch von selbst.

Hervorragende Leistungen beim Schlittschuhlaufen, beim Fußball oder Basketball oder exzellente Bewegungen im Tanz gehen über Anstrengung und Tun hinaus. Sportler und Tänzer treten in einen Bereich der Anstrengungslosigkeit ein, wo sich etwas wie von selbst entfaltet. Musiker oder Schauspieler sagen oft Dinge wie: „Alles kam im rechten Augenblick zusammen, ich war im Flow, es geschah wie von selbst." Mikhail Baryshnikov, Margot Fonteyn und Martha Graham haben im Tanz diese Höhen erreicht. Martha Graham antwortet hier auf die Frage nach ihrer Tanzkunst, aber ihre Antwort trifft auch für das Leben und ganz sicher auch für die Meditation zu: „Alles, was es braucht, ist dieser eine Moment in der Bewegung. Lasse diesen Moment lebendig werden und mache ihn lebenswert, lass ihn nicht unbemerkt und ungenutzt verstreichen."

Nicht-Tun bedeutet also schlicht, die Dinge sein zu lassen wie sie sind, und ihnen zu erlauben, sich auf ihre eigene Art zu entfalten. Das kann sehr herausfordernd sein, es ist eine würdevolle, kluge, unangestrengte Anstrengung, ein Handeln ohne den Handelnden, das von diesen Künstlern ein ganzes Leben lang gepflegt und entwickelt wurde.

Wir müssen aber kein Künstler sein, um Nicht-Tun oder Meisterschaft zu üben. Thoreau sagt: „Die größte aller Künste ist es, die Beschaffenheit des Tages zu verwandeln." Wir können Nicht-Tun in unserem Leben praktizieren und das Leben selbst kann die Kunst sein: die Kunst des bewussten Lebens. Die Kunst, in unserem eigenen Leben präsent zu sein.

Ich habe Geschäftsführer von großen Organisationen und Unternehmen getroffen, die genauso arbeiten. Eine geschickte Führungskraft führt, indem sie scheinbar gar nichts tut. Sie verschwendet ihre Energie nicht in Geschäftigkeit oder indem sie herumläuft und die Aufgaben anderer Menschen kontrolliert. Das erfordert ein großes Maß an Vertrauen in die eigenen Mitarbeiter. Solch eine Führungskraft kann delegieren und sie weiß, wie sie Eigeninitiative fördert, wenn Einzelne oder Gruppen an Problemen arbeiten. Es gibt ein gewisses Vertrauen in die Intelligenz und in die Möglichkeit von Emergenz, deshalb muss sie niemandem ihren Willen aufzwingen. Wenn wir anderen etwas aufzwingen wollen, zeigt sich darin nur unsere eigene Angst oder Ungeduld.

Es gibt also viele Bereiche, in denen Nicht-Tun schon geschieht. Es sieht zwar so aus, als würden wir nichts tun, aber das ist es nicht, wir treten nur einen Schritt beiseite und kontrollieren die Situation nicht. Das ist eine wirkungsvolle Möglichkeit, um andere Menschen dazu zu befähigen, ihr Potenzial voll auszuschöpfen. Viele Künstler erfahren genau das Gleiche. Sie können dieses Kunstwerk oder Gemälde, dieses Gedicht oder Buch nicht wirklich für sich beanspruchen und sagen: „Ja, das habe ich geschaffen.“ Natürlich stammt es von dem Künstler, aber in gewisser Weise ist es auch zu ihm gekommen und hat sich selbst geschaffen. In ähnlicher Weise können wir nicht wirklich behaupten: „Ich bin eingeschlafen.“ Denn wenn es unsere Aufgabe wäre, einzuschlafen, würden wir es nie schaffen. Wir wissen nicht, wie man einschläft, wir müssen einfach loslassen, damit die Weisheit unseres Körpers es tun kann.

Woher also kommt unsere Kreativität? Wir wissen es nicht. Kreativität entsteht, wenn unser Verstand sich selbst aus dem Weg geht, wenn wir das Denken bis an einen bestimmten Punkt bringen und es dann loslassen. Dann denkt es sich selbst. Viele bedeutende Wissenschaftler hatten ihre größten Einsichten und Durchbrüche im Traum: Aha-Erlebnisse. Sie entstehen aus der Intuition, aus dem Loslassen, aus dem Nicht-Tun. Aber vorher ist eine lange Vorbereitung nötig, nur so kann Meisterschaft entwickelt werden.

In dieser Hinsicht sind wir alle gleich: Wenn wir beginnen, dem Moment mit Achtsamkeit zu begegnen, können wir dieses innere Empfinden kultivieren, dass wir in Wirklichkeit gar nichts tun müssen. Wir können die Dinge sein lassen. So können wir uns mit einer intuitiven kreativen Kraft verbinden, die Kanäle für unglaublich viel Energie öffnet, Dinge geschehen lässt und eine Form des Tuns ermöglicht. Tun und Nicht-Tun sind also eng miteinander verbunden. Etwas über das Nicht-Tun zu wissen hat zur Folge, dass sich auch unser Tun verändert.

Entschlossenheit

Goethe hat einige außergewöhnliche Dinge zu diesem Thema gesagt, vor allem in Bezug auf Entschlossenheit: die Entschlossenheit, präsent zu sein; die Entschlossenheit, Achtsamkeit zu praktizieren; die Entschlossenheit, ein Leben der Wachheit und Empfindsamkeit zu leben.

Jetzt

In dem Augenblick,
in dem man sich endgültig einer Aufgabe verschreibt,
bewegt sich die Vorsehung auch.
Alle möglichen Dinge,
die sonst nie geschehen wären, geschehen,
um einem zu helfen.

Ein ganzer Strom von Ereignissen wird in Gang gesetzt
durch diese Entscheidung
und er sorgt zu den eigenen Gunsten
für zahlreiche unvorhergesehene Zufälle,
Begegnungen und materielle Hilfen,
die sich kein Mensch vorher je so erträumt haben könnte.

Was immer Du kannst oder Dir vorstellst,
dass Du es kannst,
beginne es.

Kühnheit trägt Genie,
Macht und Magie in sich.

Beginne jetzt!

Hier geht es also nicht darum, faul und passiv zu werden, sondern vielmehr darum, zu verstehen, wie Aktivität aus Stille entsteht und inwiefern Stille auch in Aktivität enthalten ist. Denn wenn Stille in Aktivität ist, entsteht Kreativität: Momente der Frische, Momente der Einsicht, Momente mit durchdringendem Gewahrsein, in denen wir Verbindungen erkennen, die wir vorher nicht gesehen haben. Wir klatschen in die Hände und rufen: „Wieso sehe ich das erst jetzt?" Es ist ja erst seit zweitausend Jahren da. Die meiste Zeit sind wir schlicht nicht wirklich anwesend. Wie oft haben Sie schon erlebt, dass Sie irgendwo entlanggegangen sind, wo Sie jeden Tag entlanggehen, und Ihnen plötzlich etwas aufgefallen ist, das Sie noch nie zuvor gesehen haben. Dabei war es schon immer da. Sie haben es einfach nicht bemerkt.

Durch Nicht-Tun lernen wir, dass der Geist eine gewohnheitsmäßige Blindheit besitzt, die sich auflösen kann, wenn wir wissen, dass der Geist so beschaffen ist, und wenn wir Achtsamkeit über längere Zeit aufrechterhalten.

Empfehlungen für mehr Sein und weniger Tun

Auch zu diesem Thema möchte ich einige Empfehlungen geben: Sie können versuchen, das Erblühen des gegenwärtigen Augenblicks in jeder Handlung aufzuspüren, die Sie gerade ausführen. Vielleicht können Sie die Dinge sich entfalten lassen, ohne so viel zu erzwingen. Beobachten Sie, was geschieht, wenn Sie etwas mehr Sein und etwas weniger Tun praktizieren. Bemerken Sie Ihren Widerstand in unangenehmen Situationen und versuchen Sie, in diesen Momenten einfach nur zu sein. Lassen Sie los, in diesen Moment hinein, und erinnern Sie sich daran, dass als Nächstes nichts geschehen muss. Lassen Sie es sein, so wie es ist. Dann bemerken Sie, was im nächsten Moment geschieht.

Es ist wie ein Experiment, Ihr Leben wird zu einem Labor, Sie betrachten, formen und erschaffen es. Sobald Sie sehen, was im nächsten Moment geschieht, handeln Sie – wenn es Ihnen möglich ist. Sie handeln aus der Offenheit und aus dem Nicht-Tun heraus, aus Räumen, durch die Sie hindurchgehen können. Dies sind möglicherweise entscheidende Momente, in denen sich neue Sichtweisen, neue Möglichkeiten und neue Öffnungen zeigen. Solange Sie diese Öffnungen nicht sehen, bleiben Sie still und geduldig und atmen Sie einfach.

Wir sollten uns daran erinnern, dass Nicht-Tun manchmal das Beste ist, was wir tun können. Im *Tao Te King* heißt es: „Übe einfach das Nicht-Tun, und alles andere findet seinen rechten Platz."

Die Menschen versprechen sich von Meditation häufig irgendein Resultat, eine Antwort, eine Einsicht, einen Durchbruch oder eine außergewöhnliche Erfahrung. Obwohl all diese Dinge geschehen können, ist es wichtig, dass wir nicht versuchen, sie willentlich herbeizuführen. Wir meditieren nicht, damit irgendetwas geschieht, sondern um den Dingen zu erlauben, so zu sein, wie sie sind.

Meditation bedeutet die Kultivierung eines umfassenden Gewahrseins. Wir entwickeln Unterscheidungsvermögen, üben uns in Innenschau und sehen mit einem interessierten Blick auf die Dinge. Wir fragen: „Was ist das? Was führt dazu, dass sich meine Brust jetzt so zusammenzieht? Wie kommt es, dass ich mich so angespannt fühle? Was hat mich so wütend gemacht?" Wir untersuchen unsere eigene Erfahrung: Was ist das? Was geschieht jetzt? Was fühle ich?

Das geschieht weniger auf sprachlicher Ebene, es geht nicht um Worte und nicht darum, Antworten zu finden. Das Ziel ist auch nicht, dass wir uns eine Geschichte darüber erzählen, was gerade geschieht, sondern wir verweilen bei der Erfahrung in diesem Moment, bei der Frage: „Was ist das? Wohin gehe ich? Wo bin ich jetzt?" Und wenn wir wirklich ein Risiko eingehen wollen, können wir fragen: „Wer bin ich?"

Stellen Sie sich selbst diese Fragen als Teil Ihrer Meditationspraxis, als Teil der Haltung, in der Sie mit dem verbunden sind, was ist. Diese

Offenheit, diese Neugier, dieses Interesse und das Erforschen dessen, was gerade geschieht, können wir auch so formulieren: „Was ist mein Weg? Wohin gehe ich?"

Oft sagen wir, dass wir unseren eigenen Weg gehen wollen. Aber was ist eigentlich unser eigener Weg, wie sieht er aus? Diese Frage verwirrt uns vielleicht erst einmal, weil wir nicht so genau wissen, was unser Weg eigentlich ist. Achtsamkeit lehrt uns, dass wir es nicht wissen müssen. Das ist wichtig. Wir erfahren Momente der Verwirrung, Momente des Verirrtseins – das ist völlig in Ordnung. Erinnern wir uns an das Gedicht, das David Whyte zitiert hat: „Steh still, der Wald weiß, wo du bist, der Wald atmet. Höre …"

Wir erforschen aufmerksam unser Leben: „Kein Baum gleicht dem anderen, kein Zweig gleicht dem anderen." Wir blicken tief hinein in das, was sich als Wirklichkeit entfaltet, und dann sehen wir vielleicht, was sich als unser Leben entfaltet.

Meditation üben

Wir bezeichnen Meditation zwar als eine Übung, aber in unserem Zusammenhang hat dieses Wort eine etwas andere Bedeutung als gemeinhin üblich; es ist nicht gemeint als eine Art Probe, während der beispielsweise ein Geiger auf der Violine übt, um sich auf ein Konzert vorzubereiten – für uns ist das Leben selbst das Konzert, das heißt jeder Augenblick zählt.

Übung in diesem Sinne bedeutet also die Verkörperung von Wachheit in jedem einzelnen Moment, sei er, wie er ist – er muss weder gut noch schlecht sein. Wir müssen uns nicht fragen, ob wir das richtig machen. Wenn wir in diesem Moment anwesend sind und ihn im Gewahrsein halten können, dann ist alles in Ordnung, dann ist es gut. Und der nächste Moment ist der nächste Moment. Wenn wir abgeschweift sind und den Faden des Gewahrseins verloren haben, wenn wir uns in einer sexuellen

Fantasie oder diesem und jenem verloren haben, ist das kein Problem: Es sind nur Gedanken. Wir kehren in diesen Moment zurück, der vergangene Moment ist schon vorbei.

Wir suchen also nicht nach Antworten oder Durchbrüchen. Stattdessen achten wir auf unsere Erfahrungen, wir untersuchen sie sanft, wir hören zu. Wir halten sozusagen das Ohr an die Schienen unseres eigenen Seins. So entwickeln wir eine Vertrautheit, eine Nähe mit unserem Menschsein. Diese Vertrautheit gibt uns viele Hinweise für unser Leben, so wie es Thoreau formuliert hat: „Die größte aller Künste ist es, die Beschaffenheit des Tages zu verwandeln."

Ein solcher Prozess erfordert viel Arbeit, aber er macht auch große Freude. Die meisten Menschen, die sich dafür zu interessieren beginnen, tun das, weil sie dann an ihrem eigenen Leben arbeiten können, statt sich auf das anderer konzentrieren zu müssen. Da wir zu einem gewissen Grad alle Egoisten sind, gefällt uns die Idee, dass unser Leben interessant sein könnte. Aber Achtsamkeit kann auch Angst machen, weil wir nicht wissen, worauf wir stoßen, wenn wir unseren eigenen Geist betrachten.

Egal, was wir in unserem Geist vorfinden, es ist in Ordnung. Wenn wir den Achtsamkeitsanleitungen folgen, darf sich alles zeigen, und alles, was sich zeigt, ist in Ordnung. Wir bleiben einfach hier und atmen damit. Wenn es Verwirrung ist, kein Problem. Es ist wie das Wetter. Berge erfahren viele verschiedene Wetterlagen: Schneestürme, Hitze, krasse Wetterumschwünge. So ist es auch in unserem Leben, wir gehen durch dunkle und durch helle Zeiten, durch eiskalten Regen, Schnee, Wolken – dies alles sind lediglich Erscheinungsformen des Wetters. Der Berg steht einfach da. Egal was geschieht, er ist einfach der Berg. Gelingt es uns, diese mittlere Achse des Berges in unserem Leben zu halten, können wir mit viel Unruhe und Chaos umgehen und darin eine Ordnung finden – eine Ordnung, die der Unordnung mitunter sehr nahe kommt, aber nicht darin gefangen wird. Und wenn wir uns in der Unordnung verlieren, dann gehen wir zurück in unsere Mitte.

Diese einfachen Achtsamkeitsanleitungen halten uns im Fluss des Wachsens und Lernens. Die Nahrung dafür ist die Bereitschaft, hinzuschauen, die Bereitschaft, zu sehen. Wie die Cartoonfigur Yogi Bär sagt: „Man kann viel sehen, wenn man einfach nur hinschaut."

Bei der Meditation geht es letztendlich um das Nicht-Tun, wir versuchen nicht, irgendwo hinzukommen. Paradoxerweise kommen jedoch nach dem Beginn der Praxis viele Dinge in unserem Leben von selbst in Bewegung. Der beste Weg, um ein Ziel zu erreichen, besteht ironischerweise eben darin, nicht zu versuchen, es zu erreichen. Oft machen Menschen durch die Praxis des Nicht-Tuns tiefe Erfahrungen in Bezug auf ihren Körper: Ein Schmerz kann sich verändern oder abnehmen, Symptome können mit der Zeit verschwinden. Nach einer gewissen Zeit der Übung fühlen sich die Menschen oft stärker und gesünder.

Konzentration kultivieren

Es gibt viele Methoden, sich einfach nur auf den Atem zu konzentrieren, so wie es auch unzählige Formen der Meditation gibt. Achtsamkeit bezeichnet eine ganze Gruppe von Methoden. Wenn wir einfach beim Atem bleiben, jedes Abschweifen des Geistes als eine Ablenkung sehen und den Geist sofort wieder zum Atem zurückbringen, ohne darüber nachzudenken, wohin er abgeschweift ist, kultivieren wir Konzentration. Konzentration ist ein Teil von Achtsamkeit.

Sie ist eine sehr kraftvolle Qualität, die wir aus vielerlei Gründen entwickeln sollten. Studenten können Konzentration gut gebrauchen, denn wenn man fünf Mal den gleichen Abschnitt liest und noch immer keine Ahnung hat, worum es geht, ist das Lesen kein besonders effizienter Vorgang. Oft sind wir nicht so konzentriert bei unserer Arbeit, aber wenn wir wirklich bei der Sache sind, dann kann uns jemand auf die Schulter klopfen oder uns ansprechen und wir bemerken es nicht einmal.

Aufmerksam auf den Atem zu sein bildet ein Fundament für die Konzentration, durch die wir eine Ruhe und Stabilität des Geistes schaffen. Wenn wir dann vom Leben herausgefordert werden, steht uns durch unsere Fähigkeit zur Präsenz eine gewisse Stabilität zur Verfügung. Diese wird manchmal als Gleichmut oder Gelassenheit bezeichnet: Es geschieht etwas, wir sehen es, und auch wenn wir es nicht mögen oder es sogar enorm bedrohlich ist, stehen uns verschiedene Möglichkeiten zur Verfügung, damit umzugehen. Aber diese Gelassenheit werden wir ohne Achtsamkeit nicht entwickeln können. Achtsamkeit ist die Grundlage für dieser Ruhe und Stabilität, aber sie umfasst noch mehr; in der Achtsamkeit können wir das Feld des Gewahrseins so weit ausdehnen, bis alles darin enthalten ist.

Nehmen wir als Beispiel die Übung, in der wir unsere Aufmerksamkeit auf den Atem gerichtet haben. Im Verlauf der Übung haben wir erfahren, wie unser Körper als Ganzes atmet. Das war eine Erfahrung, die wir als Erweiterung unseres Feldes des Gewahrseins bezeichnen können.

Wir entwickeln also einerseits Ruhe und Stabilität und andererseits dieses durchdringende oder offene, empfangende Gewahrsein. Durch dieses offene Gewahrsein wissen wir, was eigentlich in der Welt geschieht. Sich nur auf eine Sache zu konzentrieren ist in vielen Situationen nicht sehr nützlich. Sind wir beispielsweise während des Autofahrens sehr fokussiert, können wir in große Schwierigkeiten kommen. Im Auto brauchen wir ein weiteres Feld des Gewahrseins. Anders verhält es sich, wenn wir einen Pfeil auf ein Ziel schießen wollen, dann müssen wir ziemlich konzentriert sein. Aber auch hier gehört es dazu, dass wir die Windverhältnisse und die Bedingungen der Umgebung kennen. Achtsamkeit erwächst also aus der Kultivierung von Konzentration, geht aber darüber hinaus und nährt die uns innewohnende Fähigkeit zur Gelassenheit in einem sich ständig wandelnden Feld der Aktivität. Das ist extrem wichtig, um sich einer unvorhersehbaren und sich schnell verändernden Umgebung anzupassen.

Eine der häufigsten Ursachen für Stress ist die Tatsache, dass sich die Dinge ständig verändern. Sobald wir glauben, wir hätten etwas begriffen, sind die Dinge wieder anders als zuvor. Das erleben wir in der Wirtschaft, in der Wissenschaft, in der Kunst, bei der Begleitung von Kindern – selbst mit unserem Auto erleben wir das: Wir haben es eben erst reparieren lassen und schon ist es wieder kaputt.

Es gibt immer etwas, das uns aus dem Gleichgewicht bringen kann. Wir können dies als Niederlage sehen oder als eine Möglichkeit, um damit zu arbeiten, denn es ist nun mal geschehen. Die echte Herausforderung besteht also darin, *wie* wir damit umgehen. Wir können es als einen Angriff auf unsere Person verstehen und es sehr persönlich nehmen, wie einen Pfeil, der unseren Körper trifft. Wir können aber auch etwas mehr Ausgeglichenheit und Flexibilität des Geistes und Körpers entwickeln, was eine viel gesündere Lebensweise ermöglicht.

6 In unserem Körper sein

Unser wunderbarer Körper

Es ist eine seltsame Formulierung, wenn wir sagen, dass wir einen Körper haben. Denn dann stellt sich sofort die Frage, *wer* den Körper eigentlich hat. Was auch immer es mit diesem Verhältnis auf sich hat, fest steht, dass wir unseren Körper oft völlig verdrängen, bis etwas schiefläuft und wir aufgeregt oder verärgert darüber sind, was im Körper geschieht. Sehr oft ist die erste Botschaft, die wir von unserem Körper bekommen, irgendein Schmerz oder ein anderes Symptom, das uns darauf hinweist, dass die Dinge nicht zwangsläufig einfach funktionieren oder in Balance sind.

Wir halten es für völlig normal, dass unser Herz konstant schlägt, Blut durch das System pumpt und so unseren ganzen Organismus mit seinen Billionen von Zellen mit Sauerstoff versorgt. Der Körper, den wir haben oder der wir sind, ist wirklich ein Wunder. Aber wir nehmen ihn als vollkommen selbstverständlich hin. Ebenso wie wir es für selbstverständlich halten, dass wir auf unseren zwei kleinen Füßen laufen können – dabei ist das eine außergewöhnliche Leistung unserer Bewegungsfähigkeit. Erst wenn wir aus irgendeinem Grund plötzlich nicht mehr laufen können, merken wir, wie unglaublich diese Füße, diese Knie, diese Hüften sind. Wir merken, wie wunderbar es ist, dass wir uns bewegen können und dass wir den Oberkörper aufrecht über diesem beweglichen Unterkörper halten können. Meistens halten wir alles für selbstverständlich, bis uns etwas verloren geht. Und dann müssen wir damit umgehen, unabhängig davon, ob es eine vorübergehende Einschränkung oder ein bleibender Verlust ist. Jeder Verlust ist ein Weckruf.

Beim Essen ist es dasselbe: Wir sind uns beim Herunterschlucken der Nahrung auch nicht bewusst, dass es ein verfeinertes Organsystem gibt, das diese Nahrung aufnimmt, sie verdaut und an alle Körperzellen weitergibt. Ebenso wenig wie wir daran denken, dass das Verdauungssystem auch die Abfallprodukte sammelt und sie aus dem Körper schafft. Ein sehr wichtiger Bereich in unserem Leben, in dem wir Achtsamkeit üben können, ist daher das Kultivieren des Körpergewahrseins.

Die Bodyscan-Meditation

Eine der wirkungsvollsten Methoden, die ich zur Kultivierung von Achtsamkeit kenne, ist die Praxis, die wir als Bodyscan bezeichnen. Wir verbinden uns dabei mit verschiedenen Teilen unseres Körpers. In unserem Programm üben wir sie meist im Liegen. Ich möchte Sie nun einladen, diese Übung mit mir zu machen. In der Klinik praktizieren wir den Bodyscan 45 Minuten lang, hier wird die Übung kürzer sein, aber auch so werden Sie einen Eindruck davon bekommen und können dann den Bodyscan so üben, wie es für Sie passend ist.

Übung „Bodyscan"

Die Anleitung für die folgende Übung finden Sie auf CD 1.

Suchen Sie sich zunächst einen angenehmen, ungestörten Platz, an dem Sie sich hinlegen können. Lassen Sie Ihre Familie oder Ihre Mitbewohner wissen, dass Sie nicht gestört werden möchten. Es ist hilfreich, wenn wir diese Übung nicht auf dem Bett machen, zumindest nicht am Abend. Denn sonst wird es eine starke Neigung zum Einschlafen geben – eines der größten Hindernisse bei der Bodyscan-Meditation. Die Intention dieser Praxis ist nämlich nicht, dass wir einschlafen, sondern dass wir aufwachen.

Nichtsdestotrotz praktiziere ich den Bodyscan manchmal auch auf dem Bett, aber meistens auf dem Boden im Wohnzimmer. Wenn Sie nicht auf dem Bett oder der Couch üben, sollten Sie den Boden gut polstern, damit Sie nicht zu hart liegen. Suchen Sie sich einen warmen, geschützten Ort, der für Sie angenehm ist.

Wenn wir uns hingelegt haben, können wir uns mit unserem alten Freund, dem Atem, verbinden. Der Atem strömt in den Körper ein und verlässt ihn wieder, und wir spüren, dass dieses Ein- und Ausatmen die ganze Zeit geschieht.

Der Atem strömt herein und wieder hinaus. Wir reiten auf der Welle unseres eigenen Atems. Wenn wir im Liegen unsere Aufmerksamkeit auf den Bauch richten, dann stellen wir fest, dass die Bewegung des Bauches so noch stärker ist als im Sitzen. Der Bauch hebt sich beim Einatmen und senkt sich wieder beim Ausatmen. (...)

Wenn wir bereit sind, können wir die Aufmerksamkeit vom Atem und vom Bauch lösen und zum linken Bein bringen. Wir spüren unseren linken Fuß, die Zehen, die Fußsohle, den Fußrücken und den Knöchel. Dabei verbinden wir den Atem mit dem linken Fuß. Wir spüren die Empfindungen, die sich dort zeigen, und wenn wir keine Empfindungen spüren, dann erfahren wir einfach wie es ist, keine Empfindung dort zu haben.

Wir atmen ein und aus und bleiben mit unserer Aufmerksamkeit beim Fuß. (...) Was immer unsere Erfahrung sein mag, wir lassen sie einfach da sein. Wenn wir bereit sind, können wir mit einem Ausatmen den Fuß vor unserem geistigen Auge wieder loslassen und die Aufmerksamkeit im Bein weiter nach oben bewegen, bis sie den gesamten linken Unterschenkel umfasst. Wir spüren einfach jede Empfindung in diesem Teil des Körpers, so wie er ist, und wir atmen damit. (…) Wenn wir bereit sind, lassen wir auch den Unterschenkel mit einem Ausatmen los und bewegen uns zum Knie. Wir fühlen das linke Knie und spüren jede Empfindung, die anwesend ist, oder das Fehlen einer Empfindung. Einige dieser Empfindungen sind vielleicht angenehm, andere unangenehm und andere wieder neutral. Wir verbinden uns einfach mit dem, was sich gerade zeigt. So gut wir können, beurteilen wir es nicht, lehnen nichts ab, sondern sind einfach offen dafür, wie sich das linke Knie anfühlt. Es ist ein Teil unseres Körpers und es ist jetzt hier in unserer Aufmerksamkeit. Wir betrachten das Knie mit unserem geistigen Auge, wir denken nicht an das Knie, sondern erfahren es einfach. So wie wir vorher den Atem erfahren haben, oder beim Essen der Rosine. (…)

Wenn wir bereit sind, können wir wieder mit dem Ausatmen das Knie loslassen und uns des Oberschenkels bewusst werden, bis hinauf zur Leiste auf der Innenseite und bis zur Hüfte auf der Außenseite. Wir atmen mit dem Gewahrsein für unseren ganzen linken Oberschenkel und spüren die Empfindungen auf der Oberfläche der Haut und auch tief innen, falls wir dort etwas wahrnehmen. Wir atmen einfach – mit der Aufmerksamkeit in diesem Teil unseres Körpers. (…)

Wenn wir bereit sind, lassen wir auch den Oberschenkel los. (…)

Nun verbinden wir uns mit den Empfindungen im rechten Fuß, in den Zehen, in der Fußsohle, im Knöchel, in der Ferse, im Fußrücken. Überall dort, wo der Fuß mit dem Boden oder dem Bett in Kontakt ist, spüren wir diese Berührung. Wir halten jetzt unseren ganzen rechten Fuß im Gewahrsein, Moment für Moment, Atemzug für Atemzug. (…)

Wenn wir bereit sind, lassen wir mit einem Ausatmen den rechten Fuß wieder los, so wie wir den Atem loslassen, und. bewegen uns zum rechten Unterschenkel, vom Knöchel bis zum Knie. Wir atmen nun mit unserer Aufmerksamkeit im ganzen rechten Unterschenkel und im Knie. (…) Wir spüren, was sich dort zeigt, in diesem Teil unseres Körpers, genau so, wie er ist. Dabei kann der Geist wirklich ganz im Körper verweilen, unser Gewahrsein kann diese Region unseres Körpers vollkommen ausfüllen. Der Atem durchdringt das Knie und den Unterschenkel – in Stille, vollkommen wach, vollkommen verbunden. (...)

Wenn wir bereit sind, können wir mit dem Ausatmen auch diese Körperregion vor unserem geistigen Auge wieder verschwinden lassen, sie loslassen und sein lassen. Dann bewegen wir uns weiter zum rechten Oberschenkel. Und bringen unser ganzes Gewahrsein in diesen Teil des Körpers. (...) Wir öffnen uns im Feld unseres Gewahrseins für den rechten Oberschenkel, für alle Empfindungen darin. Es könnte ein Jucken, Kühle oder Wärme oder etwas anderes sein. Angenehm, unangenehm oder neutral. Wir sind einfach präsent, im Bein, im Oberschenkel und wir atmen. Der Oberschenkel atmet. (...)

Wenn wir bereit sind, lassen wir auch den rechten Oberschenkel los. (...)

Nun bringen wir unsere Aufmerksamkeit in den gesamten Beckenboden und in die Hüften, ins Gesäß, in die Genitalien, in diese ganze Körperregion. Wir atmen und spüren alle Empfindungen oder das Fehlen einer Empfindung, was immer auch hier und jetzt anwesend sein mag. (...) Ein außergewöhnlicher Teil unseres Körpers, wir können ihn nun wirklich wertschätzen. (...)

Wenn wir bereit sind, lassen wir ihn wieder los. (...) Wir konzentrieren uns nun auf den unteren Rücken, auf die Wirbelsäule, die aus dem Becken aufsteigt, und auf den Bauch. Auch hier verbinden wir uns mit dem Gefühl des Bauches, der sich beim Einatmen hebt und beim Ausatmen senkt, so als wäre ein kleiner Ballon darin. Natürlich ist im Bauch kein Ballon, aber wir können dem nachspüren, wie sich der Bauch erweitert und wieder zurückzieht. Wir spüren alles, was sich hier zeigt. Wir verbinden uns vollkommen mit diesem unteren Bereich des Rumpfes und lassen auch den Atem in diesen Bereich fließen. (...) Wenn wir bereit sind, lassen wir wieder mit einem Ausatmen los. (...)

Nun wenden wir uns dem oberen Rücken und dem Brustkorb zu, der Rippen, die aus der Wirbelsäule herauskommen und bis nach vorn reichen.

Vielleicht fühlen wir, wie sich auch der Brustkorb mit dem Atem erweitert. Hier liegt das Herz, das von den Lungenflügeln umgeben wird, diese empfindlichen Gebilde, die aus Strukturen bestehen, die an Seifenblasen erinnern. Die Lunge säubert das Blut und reichert es mit Sauerstoff an. Dadurch gibt es einen permanenten Austausch von Atomen mit der Außenwelt. Die Atome unseres Körpers werden mit der Umgebung ausgetauscht. So erschafft sich der Körper ständig neu. So können wir uns mit dem ganzen oberen Rücken und dem Brustraum verbinden und mit allen Gefühlen, die in Zusammenhang mit dieser Region entstehen. (…) So wie wir auch ein „Bauchgefühl" empfinden können. (…) Der Brustraum ist der Ort des metaphorischen Herzens, wir sagen, dass wir uns etwas zu Herzen nehmen, auf unser Herz hören oder ein gebrochenes Herz haben. Wir können hier auf irgendeine emotionale Energie achten, die in der Brustregion anwesend ist. Wir atmen mit der ganzen Erfahrung des Brustraums, des oberen Rückens, bis hinein in die Schultern. Wir reiten auf den Wellen des Atems, vollkommen präsent im Körper, Moment für Moment, Atemzug für Atemzug. (…) Wir versuchen nicht, irgendetwas zu tun oder zu kontrollieren, wir sind einfach nur hier. (…) Wenn wir bereit sind, können wir einen langsamen tiefen und absichtsvollen Atemzug bis in den oberen Rücken und den Brustraum nehmen, und auch diesen Bereich beim Ausatmen wieder loslassen. (…)

Jetzt werden wir uns unserer Hände bewusst, die wahrscheinlich neben dem Körper liegen. Wir bringen unseren Geist in die Hände. Wir erfahren das volle Spektrum der Empfindungen in den Händen, den Handrücken, den Fingern, den Daumen und den Handflächen. (…) Nun dehnen wir unser Gewahrsein auf die Handgelenke und die Unterarme aus. Währenddessen sind wir mit dem Atem verbunden, der herein- und hinausströmt. Wir spüren die Ellenbogen, die Oberarme, die Achselhöhlen und die Schultern. (…) Wir halten die ganze Länge der Arme, von den Fingerspitzen und den Daumen bis hinauf zu den Schultern und dem Nacken im Gewahrsein. Alle Empfindungen oder das Fehlen einer Empfindung in diesem Bereich. Und wir sind einfach hier, in diesem Bereich des Körpers, vollkommen präsent, verbunden mit den Armen, Händen und Schultern. (…)

Wenn wir bereit sind, können wir auch diesen Bereich loslassen und uns weiterbewegen in den Bereich des Halses und der Kehle. Auch dies ist eine faszinierende Region des Körpers, mit ihrer Fähigkeit, uns eine Stimme zu geben und das Sprechen zu ermöglichen. Und der Hals, der den Kopf mit dem Rest des Körpers verbindet. Durch ihn kommt der Atem bis in die Lungen, und das Rückenmark verläuft vom Kopf bis in die anderen Teile des Körpers. Wir atmen mit dem ganzen Bereich des Halses und der Kehle. (…) In diesem Bereich werden oft Gefühle blockiert, sie bleiben stecken. Dann können wir etwas nicht loslassen, weil es uns im Hals feststeckt. Deshalb fühlen wir uns manchmal eng und zugeschnürt. Und manchmal sind wir voller Freude und beginnen zu singen. Dies ist eine wunderbare Region des Körpers. Wir können sie einfach so akzeptieren, wie sie ist, mit allen Empfindungen und Gefühlen, die wir hier spüren. Dazu gehören auch alle Gefühle, die wir vielleicht mit dieser Region verbinden, so wie wir häufig auch Gefühle mit allen anderen Bereichen des Körpers verbinden. Wenn wir diese Gefühle jetzt zum ersten Mal entdecken, können wir einfach mit dem Hals und der Kehle sein. Wir fühlen, wie der Atem in und durch diesen Bereich strömt. Und wenn wir bereit sind, lassen wir auch diesen Bereich mit einem Ausatmen wieder los und lassen ihn vor unserem geistigen Auge verschwinden. (…)

Jetzt bewegen wir uns zum Kopf und zum Gesicht. (…) Wir können dabei erst den unteren Teil des Gesichts wahrnehmen, den Unterkiefer und das Kinn, die Lippen, die Zähne und sogar das Zahnfleisch, die Zunge und den Gaumen. Wir bringen den Geist in diesen unteren Teil des Gesichts, atmen damit und spüren, wie es sich anfühlt. (…) Wir spüren die Nasenlöcher und die Nase, wir verbinden uns mit dem Gefühl der Luft, die durch die Nasenlöcher strömt. Wir spüren die Wangen und die Wangenknochen, (…) die Ohren, und alles, was wir damit hören. Wir spüren die Augen und die Augenhöhlen, die Augenlider und Augenbrauen und die Stirn und den Raum zwischen den Augen. Wir spüren das ganze Gesicht, die Stirn, die Schläfen. Wir spüren das ganze Gesicht und atmen. (…) Wir lassen es wirklich zur Ruhe und in tiefe Entspannung kommen. In diesem Moment müssen wir keinen Panzer anlegen, wir müssen niemanden von irgendetwas überzeugen. Wir können nun ganz neutral unser gesamtes Gesicht spüren und es wertschätzen, so wie es ist. Wir akzeptieren unser Gesicht, so wie es ist. Und wir fühlen unser Gesicht, so wie es ist. Wenn wir bereit sind, lassen wir unser Gesicht wieder vor unserem geistigen Auge verschwinden, wir können es einfach loslassen, es sein lassen.

Nun verbinden wir uns mit dem Scheitel, mit dem Schädel, von vorn nach hinten und bis hinauf zum oberen Kopf. Wir spüren diese ganze Region, atmen in diesem Gewahrsein. (…) Wenn wir bereit sind, lassen wir auch diesen Bereich wieder los. (…)

Jetzt spüren wir unseren ganzen Körper, wie er hier liegt, vom Kopf bis zu den Füßen. Der ganze Körper atmet, wir sind vollkommen wach, ganz anwesend im Körper. Wir fühlen den Atem, wie er sich im Körper bewegt, wir schmecken die Stille des Körpers. (…) Wir lassen alle Gedanken und Gefühle beiseite, die wir in Bezug auf unseren Körper haben, und lassen ihn einfach so sein, wie er ist. In diesem Moment erfahren wir ihn vollkommen, den ganzen Körper, wie er hier liegt und atmet. Wir spüren, ob sich der Körper leicht oder schwer anfühlt, ob es Bereiche gibt, die sich eng oder angespannt anfühlen, oder Bereiche, in denen wir etwas festhalten. Wenn wir in einem Teil unseres Körpers Schmerzen oder unangenehme Empfindungen haben, dann können wir den Atem diese Bereiche durchdringen lassen. Wir können diese Bereiche wertschätzen und ihnen erlauben, so zu sein, wie sie sind. (…)

Wir erfahren unseren Körper als Ganzes. Wir erfahren ihn in diesem Moment als ganz, als vollkommen, so wie er ist. (…) Gehalten im Gewahrsein, Moment für Moment. Akzeptiert, Moment für Moment. (…) Wir können dem Körper vielleicht sogar vertrauen, Moment für Moment. (…)

Bevor wir die Übung beenden, halten wir noch einen Moment inne, um uns selbst zu danken, dass wir uns die Zeit genommen haben und uns bemüht haben, mit dem Körper zu verweilen, (…) präsent zu sein. Es ist gut, dieses Verweilen mit dem Körper regelmäßig zu praktizieren. Es ist nie derselbe Körper, nie dasselbe Ich. Wir können eine tiefe und gesunde Beziehung zu unserem Körper entwickeln, wenn wir auf diese Weise praktizieren. Wir müssen es nicht mögen, aber es wird trotzdem zutiefst nützlich sein. Wir erlauben uns, wirklich in unserem Körper gegenwärtig zu sein, ungeachtet dessen, ob wir es mögen oder nicht mögen oder etwas Bestimmtes fühlen wollen. Wir erlauben dem Körper einfach, so zu sein, wie er ist. Und so nähren wir den Körper, wir sorgen für den Körper, indem wir aufmerksam sind.

Am Ende der Übung können Sie die Zehen etwas bewegen. Sie können sanft Ihr Gesicht massieren, langsam die Augen öffnen und wieder in Bewegung kommen. Auch wenn Sie sich nun wieder anderen Dingen widmen, können Sie in Ihrer Achtsamkeit eine Kontinuität finden und dem begegnen, was in Ihrem Leben als Nächstes auf Sie zukommt, was sich als Nächstes entfaltet.

7 Meditation im Alltag

Achtsames Tun

Wenn Menschen anfangen, den Bodyscan regelmäßig zu üben und sich mit ihrem Atem zu verbinden, merken sie bald, dass die Achtsamkeit, die während dieser Übung kultiviert wird, auch in den restlichen Tag einfließt. Das hat einige tief greifende Konsequenzen. Denn wenn wir präsenter sind, wird in gewisser Weise das Leben selbst zur Meditation. Es wird zur Praxis und zum Lehrer, sodass alles, was sich in unserem Leben zeigt, und alles, was wir tun müssen, mit einem Grad von Achtsamkeit gesehen und getan werden kann.

Wir haben schon über das morgendliche Aufwachen gesprochen. Achtsam aufzuwachen kann eine sehr interessante Angelegenheit sein: Bevor wir aufstehen, können wir zuerst unseren Atem spüren und unseren Körper dehnen. Und wir können uns daran erinnern, dass wir hier sind, am Beginn dieses neuen Tages. Während wir uns bewegen, um aus dem Bett zu steigen, können wir bewusst in Verbindung mit unserem Körper sein. Wir müssen nicht in Eile aus dem Bett springen und ins Bad hetzen und dann weiter zur nächsten Aktivität. Statt in einer achtlosen und hektischen Routine gefangen zu sein, können wir aufmerksam wahrnehmen, wie sich der Tag entfaltet, wenn wir uns achtsam die Zähne putzen, das

Gesicht waschen, uns achtsam duschen ... Wir können alles mit einem tieferen Gewahrsein tun: Hier bin ich, in meinem Körper, und putze mir die Zähne oder trockne mich ab.

Das bedeutet aber nicht, dass wir aus Menschen achtsame Roboter machen wollen, ganz im Gegenteil. Wir müssen uns nicht ständig selbst kritisieren, weil wir die Zähne nicht achtsam geputzt haben. Es ist einfach interessant, damit zu experimentieren, weniger mechanisch zu agieren. Wenn wir das tun, dann blüht unser Leben auf, es entfaltet sich. Oder aber wir bemerken, dass wir ängstlich aufstehen, weil wir schon über all die Dinge nachdenken, die wir noch tun müssen. Dann spüren wir, dass wir unter Druck stehen, bevor der Tag überhaupt richtig begonnen hat. Aber durch Achtsamkeit können wir mit diesem Druck anders umgehen, er kann uns dann nicht länger vor sich hertreiben.

Während des Tages gibt es viele Gelegenheiten, viele wunderbare Momente, um Achtsamkeit zu üben. Einer dieser Momente ist, wenn Sie sich am Morgen verabschieden, bevor Sie zur Arbeit gehen. Rufen Sie eine flüchtige Verabschiedung ins Zimmer, bevor Sie aus der Tür rennen, oder schauen Sie dem anderen in die Augen und verabschieden sich bewusst? Eine bewusste Umarmung ist eine wunderbare Achtsamkeitspraxis. Wir können wirklich präsent sein, wenn wir jemanden umarmen. Viele Menschen sind beim Umarmen hektisch oder etwas nervös und im Kopf schon mit der nächsten Sache beschäftigt. Aber wir können innehalten und wirklich in der Umarmung präsent sein.

Wenn Sie einen Hund haben, können Sie ihn achtsam ausführen. Sie können ganz bewusst die Welt um sich herum wahrnehmen, die Luft, den Anblick der Bäume, die Landschaft. Sonst stellt sich die Frage, ob Sie den Hund ausführen oder der Hund vielleicht eher Sie ausführt. Von Tieren können wir viel lernen, wenn wir sie beobachten, ihnen zuhören und mit ihnen präsent sind, anstatt schon zur nächsten Sache zu hetzen.

Natürlich haben wir auch immer die Möglichkeit, achtsam zu essen. Lesen Sie beim Essen die Zeitung? Sind Sie abwesend dabei? Diese Frage impliziert nicht, dass achtsames Essen an sich besser wäre als die Zeitung dabei zu lesen, aber wir können die Unterschiede wahrnehmen. Wenn wir während des Essens lesen, schmecken wir wahrscheinlich nicht wirklich, was wir essen. Bei mir selbst habe ich beobachtet, dass ich mich so im Zeitunglesen verlieren kann, dass ich noch eine zweite Schale Müsli esse, weil ich den Artikel noch nicht zu Ende gelesen habe – und ich kann ihn nicht fertig lesen, ohne etwas dabei im Mund zu haben. Das ist doch interessant!

Es gibt Leute, die ihre Fahrt zur Arbeit genau planen, damit sie eine bestimmte Radiosendung nicht verpassen. Das hat dann fast schon etwas von einer Sucht, denn sie wissen nicht, was sie eine Stunde allein im Auto machen würden, wenn das Radio und vor allem der Lieblingssender nicht laufen würde. Autofahren ohne Radio ist eine wunderbare Meditationspraxis. Wir können einfach da sein, wo wir sind. So gäbe es wahrscheinlich auch weit weniger Unfälle, denn viele Unfälle passieren, weil die Autofahrer gar nicht bewusst in ihren Autos sitzen, sondern in ihren Gedanken oft irgendwo anders sind: „Huch, ich habe gerade die Autobahnausfahrt verpasst! Was ist passiert?“ Autofahren ist also eine hervorragende Achtsamkeitsübung im Alltag, weil wir aufmerksam sein und auf den Verkehr achten müssen. Schauen wir zu lange gedankenverloren aus dem Seitenfenster oder zieht etwas Interessantes unsere Aufmerksamkeit auf sich, kommen wir schnell in ernste Schwierigkeiten. Das Schöne am Autofahren ist, dass es uns permanent zum Loslassen einlädt. Wir können üben, alles, woran wir vorbeifahren, ständig loszulassen. Wir sind immer im gegenwärtigen Moment, dort, wo auch das Auto ist. Dabei können wir interessante Verhaltensweisen des Geistes beobachten: Sie fahren zum Beispiel auf der Autobahn und sehen ein Schild, auf dem steht, dass es nach New York noch 250 Kilometer sind. Niemand hält beim Anblick dieses Schildes an, klettert darauf und denkt, er wäre nun in New York. Aber oft tun wir genau das in unserem Geist: Wir verwechseln den Ort, den wir erreichen möchten, mit der Karte oder den Schildern, die darauf hinweisen.

Achtsamer Umgang mit Kindern

Die Begleitung von Kindern ist eine besonders gute Gelegenheit, um achtsam zu sein. Für mich sind Kinder so etwas wie kleine Zen-Meister, die in unser Leben gekommen sind, um uns alles über das Präsentsein zu lehren, was wir wissen müssen. Es ist eine sehr schwere Lektion. Wenn wir nicht darauf vorbereitet sind, kann es viel Kummer geben. Sind wir aber vorbereitet, kann diese Situation eine große Gelegenheit für unser persönliches Wachstum sein. Das Leben mit Kindern kann eine sehr stressige, aber auch eine zutiefst wunderbare Erfahrung sein.

Wenn wir die Welt auf diese Weise betrachten, ist alles unser Lehrer, nicht nur unsere Kinder. Auch unsere Eltern werden wohl einige Knöpfe bei uns drücken, die emotionale Reaktionen hervorrufen. Geschwister sind ein weiteres Übungsfeld. Oder die Politesse, die Ihnen einen Strafzettel gibt, obwohl die Parkuhr doch gerade erst abgelaufen ist. Wie gehen wir damit um? Dies alles sind Gelegenheiten, um im Alltag Achtsamkeit zu praktizieren.

Kochen ist ebenfalls eine wunderbare Meditationsübung, oder Bügeln. Ebenso ein Baby zu baden, den Müll rauszubringen, Gemüse zu schneiden, staubzusaugen oder einzukaufen. Wir können eine Gehmeditation machen, indem wir den Einkaufswagen langsam vor uns herschieben und dabei beobachten, ob wir im gegenwärtigen Moment aufmerksam sind. Häufig fühlt sich der Geist zu etwas hingezogen, das im Regal steht. Irgendjemand hat sechsstellige Summen dafür bekommen, um sicherzustellen, dass Ihre Hand danach greift und nicht nach dem Produkt des Konkurrenten. Solche Dinge werden sichtbar, wenn wir aufmerksam sind.

Vielleicht fangen wir daraufhin an, unser Leben neu zu ordnen und zu vereinfachen. Vielleicht entscheiden wir uns, eine Aktivität weniger am Tag zu tun, statt noch eine Sache mehr hineinzustopfen. So kann mehr Rhythmus und Gelassenheit in unser Leben kommen. Wir müssen dann nicht hektisch von einem Ort zum anderen laufen, sodass wir nie wirklich dort sind, wo wir sind.

Falls Sie kleine Kinder haben, gibt es auch noch etwas anderes, was Sie ausprobieren können. Sie können morgens, bevor Sie Ihre Kinder wecken, oder spät abends, nachdem Sie sie ins Bett gebracht haben, an ihrem Bett sitzen oder davor stehen und sie noch eine Weile anschauen. Sie können beobachten und zuhören, wie sie atmen. Nehmen Sie in sich auf, wie der Körper Ihres Kindes dort liegt, und spüren Sie auch Ihren eigenen Atem. Verweilen Sie einen Augenblick dabei, einfach dieses Sein und die Gegenwart Ihres Kindes wahrzunehmen. Bemerken Sie auch den Impuls, aus dem Zimmer zu gehen, und dann bleiben Sie noch etwas länger. Verlassen Sie die Situation nicht so schnell, um wirklich das Geheimnis wertzuschätzen, das sich zeigen kann, wenn man Kinder hat – das Geheimnis des Wachsens, das Geheimnis des Schlafens und des Wachseins.

Eine weitere Haltung, mit der wir im Alltag experimentieren können, besteht darin, eine tiefere Vertrautheit mit dem Wetter und der Natur zu entwickeln. Wenn wir nach draußen gehen, können wir das Wetter wirklich erfahren und es ein- und ausatmen. Wir können die Luft oder den Wind auf der Haut spüren, die Feuchtigkeit des Bodens nach dem Regen, die Wärme des Regens und den Geruch der Erde. Den Zauber, den verschiedene Formen des Lichtes zu unterschiedlichen Tages- und Nachtzeiten verbreiten. Die Frische und Kühle eines winterlichen Nachthimmels. Die Phasen des Mondes und seine Wanderung am Himmel. Die Farben der Blätter im Frühling, wenn sie noch ganz klein sind und gerade erst sprießen, und dann im Herbst, wenn sie groß sind und sich golden färben. Das Aufblühen der Blumen und die Entfaltung der Blütenblätter zu ihrer vollen Pracht. Das Licht in der Morgendämmerung und beim Einbruch der Nacht.

Wir können mit all diesen Veränderungen des Wetters und der Natur verbunden sein. Und wir können nachspüren, wie wir uns dabei fühlen, wenn wir aufwachen und es draußen den fünften Tag in Folge grau und regnerisch ist. Wir können bemerken, wie persönlich wir das Wetter nehmen, und uns dann bewusst machen, wie unpersönlich das Wetter in Wirklichkeit ist. Es kümmert sich überhaupt nicht um uns, sondern ist einfach, wie es ist. Und vielleicht ist allein dies schon eine Art Lehre für uns: Oft nehmen wir Dinge persönlich, die es eigentlich gar nicht sind.

Wie ist es mit dem inneren Wetter, den Stürmen, die in unserem eigenen Körper und Geist, in unserer Familie und in unserem Leben heraufziehen? Können wir auch diese Unwetter etwas genauer und unpersönlicher betrachten? Vielleicht sind die Wolken, die in unserem Geist heraufziehen, nur Geisteszustände, die kommen und gehen, wie Wolken am Himmel. Ebenso wie die Stürme in unserem Geist, die ihn beunruhigen und Kummer bringen. Oder die Stürme in unserem Körper, seien es Schmerzen oder unangenehme Erfahrungen – können wir auch sie wie das Wetter sehen, wie Wolkenformationen, Blitz und Donner? Können wir spüren, dass sie natürliche Phänomene sind, die kommen und gehen, so wie die Sonne?

All diese Erfahrungen sind einfach Teil unseres Menschseins, ein Teil der Landschaft unseres Lebens. Wir können eine tiefe Vertrautheit und Bekanntheit mit den mentalen und körperlichen Formationen in unserer Erfahrung kultivieren. Wir können sie so betrachten wie das Wetter. So entwickeln wir eine gewisse Standfestigkeit, wie der Berg, der einfach dasteht, egal, welches Wetter über ihn hinwegzieht. Das Wetter ist einfach so, wie es ist.

Vielleicht können wir aus dieser Haltung auch ein gewisses Maß an Gelassenheit, Weisheit und Klarheit entwickeln, während sich unser Leben weiter entfaltet, ungeachtet dessen, ob wir es kontrollieren können oder nicht. Denn wir haben eine unerschöpfliche Fähigkeit, Öffnungen zu sehen und angesichts der Herausforderungen unseres Lebens weicher zu werden. Wir müssen nicht mit Verengung, Verhärtung oder einer unbewussten Reaktion darauf antworten, die noch mehr Unruhe hervorbringt, uns in Unklarheit verwickelt und die niemals zu Klarheit oder innerem Frieden führt.

Das Tao der achtsamen Arbeit

Einer der Bereiche, für den wir uns besonders interessieren, ist das Tao der Arbeit oder das achtsame Arbeiten. Wie können wir eine achtsame Beziehung zu unserer Arbeit und unserer Arbeitsumgebung entwickeln? Damit wir um 17 Uhr zum Feierabend genauso frisch wieder nach Hause gehen, wie wir um 9 Uhr zur Arbeit gekommen sind. Dafür ist es wichtig, dass sich der Stress im Büro oder am Arbeitsplatz nicht anstaut. Auch dies kann uns dadurch gelingen, dass wir im gegenwärtigen Moment anwesend sind.

Es ist kein Geheimnis, dass ein großer Teil des Stresses, den wir erfahren, mit anderen Menschen zusammenhängt. Würden sich alle anderen so verhalten, wie wir es wollen, wäre das Leben viel einfacher. Aber weil das nie geschehen wird und auch nicht wirklich wünschenswert ist, stellt sich die Frage: Können wir bei unserer Arbeit achtsamer sein, was immer diese Arbeit sein mag? Auch wenn dies für jeden von uns im einzelnen wohl etwas anderes bedeutet, gilt doch eines für uns alle: Wenn wir zum Beginn des Arbeitstages mit unserem Atem und unserem Körper in Verbindung sind, kann dies unsere Beziehung zu anderen Menschen beeinflussen. Das beginnt schon mit der Art und Weise, wie wir jemanden am Telefon begrüßen. Es zeigt sich auch daran, wie sehr wir durch Abgabetermine unter Druck geraten, oder wie gegenwärtig wir sind, wenn wir anderen zuhören, um wirklich zu verstehen, was sie sagen.

In unserer eigenen Arbeit entdecken wir, dass Achtsamkeit eine sehr tiefe Bedeutung für die Einzelheiten haben kann, die etwa bei der Einstellung neuer Mitarbeiter oft übersehen werden. Entscheidet man sich für einen Mitarbeiter, der sich in den Bewerbungsunterlagen gut darstellt, weiß man trotzdem erst in der unmittelbaren Zusammenarbeit, ob er für den Job auch wirklich der Richtige ist. Wenn wir den Bewerbern beim Vorstellungsgespräch achtsam begegnen und diese Gespräche als Teil eines kollektiven Prozesses behandeln, an dem auch Mitarbeiter beteiligt sind, die den Arbeitsplatz kennen, ist es viel wahrscheinlicher, einen Bewerber zu finden, der wirklich ins Unternehmen passt.

Doch so oder so ist es manchmal notwendig, einem Mitarbeiter zu kündigen, aus welchen Gründen auch immer. Das kann für alle Beteiligten ein sehr schmerzvoller Prozess sein. Wenn man diesen stattdessen als eine Win-win-Situation gestalten kann, die dem Mitarbeiter eine Möglichkeit für Wachstum und Entwicklung bietet, ist das natürlich wunderbar. Ich meine das nicht in dem Sinne, dass Sie die Kündigung mit einem Lächeln überreichen, aber vielleicht ist es eine Chance für diesen Menschen, wenn er auf etwas hingewiesen wird, für das er blind ist oder wo sich eine Schwäche oder ein Mangel bei ihm zeigt. Es kann sehr wichtig für sein weiteres Leben sein, das zu erfahren. Selbst etwas so Schwieriges wie eine Kündigung kann mit einer Haltung der Achtsamkeit geschehen, sodass sie letztendlich für alle eine positive und nützliche Erfahrung wird.

Achtsame Umgangsformen bei der Arbeit und in der Familie

Bei der Entwicklung von Regeln und Umgangsformen am Arbeitsplatz können wir mit Achtsamkeit vorgehen. Wir alle wissen es, aber vergessen es oft: Die Reihenfolge, in der wir etwas tun, ist sehr wichtig, insbesondere im Zusammensein mit anderen Menschen. Wenn wir einem Bewerber eine Stelle zusagen, ohne dies vorher mit den Kollegen zu besprechen, kann das Probleme bringen. Selbst wenn dieser Bewerber genau der Richtige ist, sollten wir uns der Struktur bewusst sein, in der wir uns befinden. Wenn wir diese Ordnung nämlich nicht beachten, schaffen wir Ungereimtheiten, die wir dann aus dem Weg räumen müssen. Wir entschuldigen uns und erklären unsere Beweggründe, was uns nun fünfmal mehr Arbeit, zehnmal mehr Chaos und unangenehme Gefühle einbringt. All das könnte vermieden werden, wenn wir bewusster darauf achteten, wie ein Prozess vonstatten geht. Wenn wir dies in einer Gruppe von Menschen erfahren, die alle in ihrem eigenen Leben Gewahrsein kultivieren, indem sie Achtsamkeit praktizieren, steigt die Leistung der Organisation oder des Unternehmens exponentiell an. Die Dinge scheinen anstrengungslos aus dem Nicht-Tun zu entstehen, weil wir uns des Bereichs annehmen, der in unserer Verantwortung liegt. Das ist eine der Möglichkeiten, wie die Praxis der Achtsamkeit in die Arbeitswelt integriert werden kann und zu starken positiven Effekten führt.

Das Gleiche gilt für die Familie, wenn Kinder trotzig sind oder es irgendwo Probleme gibt, sei es in der Schule, mit dem Essen, beim Umgang mit Ängsten oder bei einem Streit mit den Spielkameraden. Wir können unsere Aufmerksamkeit auf die Situation richten und überlegen, was sie bedeutet. So können wir verstehen, was hier wirklich geschieht, und müssen uns nicht mit oberflächlichen Antworten abfinden. Vielleicht müssen wir überhaupt keine Antworten finden, sondern können für den Moment damit zufrieden sein, dass wir keine Antwort haben und dass die Situation weiterer Kontemplation bedarf. Gelingt uns dies, bemerken wir häufig, wie sich die Dinge von allein verändern.

Wenn wir diesem Prozess folgen, kann es sein, dass wir einige Wochen später eine Verbindung sehen, die wir vorher nicht gesehen haben und wir erkennen, wie wir auch anders mit der Situation umgehen können. So wird das Leben viel kreativer, wir fühlen uns viel lebendiger und spüren Abenteuerlust. Denn in Wahrheit wissen wir nicht, was die Folgen unseres Tuns sein werden. Dadurch entstehen Kreativität und Lebensfreude.

In dieser Haltung ist es auch leichter, mit schwierigen Dingen und den dunklen Seiten in uns selbst umzugehen, sei es bei der Arbeit, zu Hause oder in der Familie. Wenn wir sie anerkennen, haben wir die Kraft, uns von ihnen zu befreien. Nicht nur viele Familien befinden sich in einem ungesunden Zustand, dies ist auch an vielen Arbeitsplätzen der Fall. Häufig werden Menschen nicht in der Weise unterstützt, die sie benötigen. Das hat zur Folge, dass auch ihre Arbeitsleistung nicht so ist, wie sie sein könnte, denn dafür wäre eine Symbiose notwendig, es bräuchte Kooperation, Kreativität und Initiative. All diese Dinge können wir in der Achtsamkeitspraxis entwickeln.

Wir können vor einem Geschäftstreffen zwei bis drei Minuten meditieren, damit unser Geist stabil, ruhig und klar wird. So können wir die Agenda des „Ich-mich-mein" ein Stück weit loslassen, durch die wir das Treffen kontrollieren und die anderen dazu bringen wollen, unserem eigenen Willen zu folgen. Das sind nur Gedanken und wir können sie loslassen. Ein tieferes Gefühl von Gewahrsein kann das Ergebnis solch eines Treffens verändern.

Achtsam die Zukunft planen

Wir sollten Achtsamkeit aber nicht missverstehen und glauben, dass wir niemals Pläne machen dürften, weil sich Pläne immer auf die Zukunft beziehen und Achtsamkeit doch von uns verlangt, in der Gegenwart zu sein. Pläne zu machen ist ein fundamental wichtiger Aspekt unseres Lebens. Es hätte schlimme Konsequenzen, wenn wir nicht mehr in der Lage wären, uns die Zukunft vorzustellen oder wenn wir unsere Erinnerung verlieren würden. Aber in der Meditation geht es nicht darum, etwas zu planen, sondern darum, im gegenwärtigen Moment zu sein.

Wenn es im gegenwärtigen Moment jedoch geboten ist, für die Zukunft zu planen, dann ist es unsere Aufgabe, eben dies zu tun. Im Zusammenhang mit dem Planen haben wir zwei Dinge festgestellt. Ich möchte sie am Beispiel des Unterrichtens anschaulich machen, weil das meine Hauptbeschäftigung ist, aber ich denke, dass es für viele Bereiche zutrifft.

Als Erstes können wir festhalten, dass es einen Unterschied zwischen *planen* und *vorbereiten* gibt. Für meine MBSR-Kurse plane ich zum Beispiel, bestimmte Themen in einer bestimmten Reihenfolge zu behandeln. Ich betrete also einen Kursraum mit dreißig Patienten und gehe davon aus, dass dieser Kurs so und so ablaufen wird, eben weil ich es so geplant habe. Aber ein guter Lehrer wird nicht zu viel vorgefertigte Struktur in einer Gruppe von Menschen umsetzen wollen, weil wir nie wissen, was jeder einzelne mit in den Kurs bringt. Wenn wir das Geschehen dominieren und nur unsere Sichtweise in dem Kurs thematisieren, ist es gut möglich, dass sich die Teilnehmer mit dem, was wir sagen, nicht verbinden können. Und wir wiederum können uns nicht mit dem Reichtum der Erfahrungen der Menschen vor uns verbinden.

Ich mache also gern einen Unterschied zwischen dem, was ich für diese Kurseinheit geplant habe und dem, was aus der Situation entsteht. Sobald ich den Kursraum betrete, lasse ich alle meine vorgefertigten Ideen los. Sie sind zwar da und ich kann sie benutzen, wenn ich sie brauche, aber ich bin vorbereitet, mit dem umzugehen, was sich im Moment entfaltet, denn mein ganzes Leben ist eine Vorbereitung auf den nächsten Moment. So können wir ein gewisses Maß an Flexibilität erreichen und trotzdem unser Unterrichtsziel im Blick behalten. Das ist eine hohe Kunst, die durch Achtsamkeit entwickelt und kultiviert werden kann.

Es ist also nichts Falsches daran, an die Zukunft zu denken. Im Gegenteil, ich selbst denke sehr viel über die Zukunft nach und entwerfe Pläne. Aber dabei versuche ich, mir bewusst zu sein, dass ich am Montag eine Idee haben kann, die sich schon am Dienstag als nicht mehr passend herausstellt. Wenn wir an unseren Plänen, Ideen oder Wünschen anhaften, betrügen wir die Wahrheit unseres Seins. Wir haften an unseren eigenen Vorstellungen und sind so fixiert darauf, unsere Ideen umzusetzen, dass wir auch andere Menschen dominieren wollen. Das führt natürlich zu zwischenmenschlichen Spannungen, denn in gewisser Weise tun wir anderen Menschen damit Gewalt an. Wir ignorieren ihre Mitwirkung in diesem Prozess und ihren Wert als Menschen. Falls wir uns dessen nicht bewusst sind, überrollen wir andere wie eine Dampfwalze mit unseren Plänen und vorgefertigten Ideen.

Falls Sie zufällig der Chef sind, könnten Sie damit sogar durchkommen. Aber vielleicht müssen Sie ein oder zwei Jahre später feststellen, dass die Firma bankrott ist. Niemand hat sich getraut, Ihnen zu sagen, dass Sie in die falsche Richtung steuern, denn Sie hätten jeden, der so etwas behauptet hätte, sofort gefeuert. Wenn Sie auf diese Weise Macht ausüben, sind die Menschen natürlich nicht so dumm, ehrlich mit Ihnen zu sein. Das ist nur möglich, wenn wir offen sind und die Wahrheit hören wollen. Viele Menschen aber wollen die Wahrheit nicht hören, weil sie ihre eigene Vorstellung davon haben, wie sich die Dinge entfalten sollen.

In Familien ist das oft ein großes Problem, weil Eltern die Zukunft ihrer Kinder bestimmen wollen. Womöglich haben sie nicht so viel Erfolg damit, ihre eigene Zukunft zu beeinflussen, und wollen gerade deshalb sichergehen, dass sie wenigstens die ihrer Kinder in eine bestimmte Richtung lenken. Keine gute Idee! Das wird natürlich negative Folgen haben, weil wir diese Macht nicht haben und durch solch einen Versuch der Kontrolle weitreichenden Schaden anrichten. Wir müssen also das Anhaften aufgeben, damit wir uns nicht in unserem eigenen großen Ego verfangen, in dem wir nur unsere eigenen Pläne, Ideen und Wünsche sehen. Dann dreht sich unsere ganze Welt nämlich nur um „Ich, mich und mein".

Bis zu einem gewissen Maße ist das bei uns allen so, aber wenn wir darin gefangen sind und dies nicht bemerken, werden wir früher oder später scheitern. Sogar wenn wir auf den ersten Blick damit Erfolg haben, werden wir irgendwann mit dieser Haltung nicht mehr weiterkommen. Haben wir zum Beispiel irgendwo richtig Karriere gemacht, hatten wir währenddessen möglicherweise keine Zeit, uns mit unseren Kindern, mit unserem Partner oder unserem eigenen Körper zu beschäftigen. All das mussten wir vernachlässigen, um in einem Unternehmen, oder wo auch immer wir den Gipfel erreichen wollten, an die Spitze zu gelangen. Solch ein Aufstieg ist nämlich oft ein harter Weg, weil es immer darum geht, besser zu sein als die anderen. Wir verdrängen die Konkurrenten und steigen auf der Karriereleiter immer weiter nach oben, doch wenn wir dann ganz oben angekommen sind, bemerken wir, dass die Leiter an der falschen Wand steht. Vielleicht gibt es eine ganz andere Wand, an die wir die Leiter hätten stellen sollen.

Wir können unser ganzes Leben so leben und erst auf dem Totenbett bemerken, dass wir nach den falschen Spielregeln gespielt haben. Es hätte nicht so sein müssen, wir sind nur bestimmten Ideen und Gedanken gefolgt, die wir wahrscheinlich von unseren Eltern oder unserem ersten Chef übernommen haben. Uns war nicht bewusst, dass dies nur eine Möglichkeit war und dass es noch viele andere Möglichkeiten im Leben gegeben hätte. Der einzige Lebensentwurf, der uns wirklich erfüllt, ist unser eigener. Wir müssen unseren eigenen Weg finden – die Wege, die andere gegangen sind, werden für uns nicht die richtigen sein.

Sie sind der Krieger Ihres Lebens

Die eigentliche Aufgabe hier besteht darin, zu würdigen, dass wir selbst ein Held sind, jeder von uns. Deshalb ist die Arbeit von Joseph Campbell im Bereich der Mythologie so kraftvoll. Wir alle sind auf einer Heldenreise und auf dieser Reise können wir Schiffbruch erleiden, insbesondere wenn wir uns selbst nicht vertrauen. Verstehen Sie mich bitte nicht falsch, ich meine nicht, dass Sie Ihr Leben in einer bestimmten Weise leben sollten, und dass alles wunderbar sein wird und Sie ein gesünderes und glücklicheres Leben führen werden, wenn Sie meinen Empfehlungen folgen. Das ist nicht gemeint, denn es gibt so viele verschiedene Wege, achtsam zu leben.

Wir werden nicht die ganze Zeit achtsam sein, wie wir es auch beim Bodyscan oder in der Sitzmeditation erleben: Der Geist kommt und geht und es braucht eine starke Aufmerksamkeit, um im gegenwärtigen Moment zu verweilen. Wie wir schon gesagt haben, ist dies eine Arbeit, die das ganze Leben dauert. Mit der Zeit vertieft sie sich und Achtsamkeit wird mehr und mehr ein Teil unseres Alltags.

Das bedeutet aber nicht, dass jeder Moment unseres Lebens leicht, wunderbar und glücklich sein wird. Wir werden jeden Aspekt der ganzen Katastrophe erfahren, auch Dunkelheit, Verzweiflung und Verlust. Sinn und Zweck von Meditation ist nicht, diese dunklen Seiten leichter zu machen oder dafür zu sorgen, dass sie verschwinden. Die Meditation lehrt uns, wie wir präsent sein können angesichts des ganzen Spektrums dessen, was geschieht. Sodass wir es ganz annehmen können und nicht davor weglaufen müssen, uns davor verstecken oder uns ablenken müssen.

Diese Haltung erfordert, dass wir nicht nur der Künstler, sondern auch der Krieger unseres eigenen Lebens sind. Mit Krieger meine ich nicht, dass wir Gewalt anwenden. Vielmehr geht es um eine gewisse Bereitschaft, sich von Angesicht zu Angesicht allem zu stellen, was sich zeigt. Denn wir wissen, dass wir mit dem, was sich zeigt, umgehen können, wenn wir es im Gewahrsein halten. Sind wir hingegen unaufmerksam, wird es uns von hinten überraschen und uns überwältigen.

Der Stress, der Druck, der Schmerz und die Schwierigkeiten, mit denen wir es zu tun haben, können uns zu Boden drücken und die Qualität unseres Lebens – sowohl körperlich als auch psychisch – verdunkeln. Wir können uns all diese Erfahrungen aber auch zunutze machen, indem wir uns ihnen stellen: Dadurch werden die rauen Ecken unseres Wesens abgeschliffen und wir werden weicher. So können wir besser auf unser Leben antworten und wachsen. Selbst unsere tiefsten Verluste, unsere Trauer und unsere Ängste können unser Wachstum unterstützen, wenn wir bereit sind, sie zu halten und in den Kessel der Achtsamkeit zu legen, damit sie darin gekocht werden. Sie kochen sich von alleine, aber wir müssen sie im Gewahrsein halten und dürfen uns nicht ablenken lassen und in Fantasien oder ablenkende Gedanken flüchten.

Fantasien und Ablenkungen sind ein Hobby unserer Gesellschaft. Die Industrie, die dahinter steht, ist viele Milliarden Dollar schwer. Einiges davon ist illegal, vieles aber auch völlig legal. Das Fernsehen und alle möglichen Formen von Unterhaltung haben in gewisser Weise das Ziel, uns aus dem gegenwärtigen Moment zu bringen. Vieles davon ist wunderbar und auch erhebend, aber wenn wir uns nicht mit dem Kern unseres Lebens konfrontieren und diesen im Gewahrsein halten, kann ein unterhaltsamer oder erfüllender Moment keinen tieferen transformierenden Wert entfalten. Wir gehen ins Kino und haben eine gute Zeit dort, aber wenn wir wieder nach Hause kommen, müssen wir uns trotzdem unseren Problemen stellen. Achtsamkeit erlaubt uns zuzugeben, dass es diese Probleme gibt und dass es auch völlig in Ordnung ist, dass sie da sind. Wir akzeptieren sie, was wiederum nicht heißt, dass wir uns ihnen passiv ergeben. Wir stellen uns den Schwierigkeiten und sind bereit, mit ihnen zu arbeiten.

Bei der Meditation geht es also nicht darum, in irgendeinen rosaroten Trancezustand zu gelangen, in dem wir sehen, wie wunderbar alles ist. Es gibt Dinge im Leben, die wirklich angsteinflößend und schrecklich sind. In jeder Stadt der USA passieren solche Dinge; was in Bosnien, Somalia oder Kambodscha geschehen ist, zeugt von so viel Leid in der Welt. Und es gibt auch so viel Leid in den Menschen. In dieser Arbeit würdigen wir dieses Leid und vertrauen unserer eigenen Kreativität, um damit umgehen zu können, zu wachsen und zu lernen – nicht nur als Einzelne, sondern auch als Gesellschaft.

Achtsamkeit wirkt sich auch in politischer, sozialer und ökonomischer Hinsicht aus. Hier in den USA lehren wir Achtsamkeit auch in benachteiligten Stadtvierteln, da, wo die Menschen kein Englisch, sondern nur Spanisch sprechen. Achtsamkeit hilft diesen Menschen sehr. Wir lehren Achtsamkeit in Gefängnissen verschiedener Sicherheitsstufen für Tausende von Häftlingen und für das Wachpersonal. Achtsamkeit kommt dort auf ganz unterschiedliche Weise zum Einsatz, sie geht zum Beispiel mit der Reduzierung von Gewalt und der Kontrolle der eigenen Impulse einher. Dies alles wird möglich durch die Bereitschaft, das ganze Spektrum der Ereignisse im gegenwärtigen Moment anzunehmen – so wie die Dinge wirklich sind.

8 Bewegungsmeditation

Ein Orchester mit vielen Instrumenten

Ich weise immer wieder darauf hin, dass es verschiedene Wege gibt, um Achtsamkeit zu praktizieren. Denn manchmal erinnern wir uns nicht daran oder können es nicht glauben. In unserem Programm für Stressbewältigung lehren wir unterschiedliche Methoden, die für mich allesamt Formen von Achtsamkeitsmeditation darstellen. Man könnte sie auch als Türen beschreiben, die alle in denselben Raum führen. Manche Menschen gehen gern durch die eine Tür, während diese Tür für andere Menschen nicht die richtige ist. Wenn jemand zum Beispiel nicht gern den Bodyscan praktiziert, geht er möglicherweise sehr gern durch die Yoga-Tür.

Die Übungen des Yoga haben für mich etwas sehr Bewegendes und Transformierendes. Sie sind genauso eine meditative Disziplin wie die Sitzmeditation oder der Bodyscan oder eine der zahllosen anderen Methoden, die Menschen nutzen. Yoga ist einfach ein weiterer Eingang in denselben Raum – den Raum des tieferen Gewahrseins, des Nicht-Urteilens, des Selbstvertrauens, der Verantwortlichkeit und der Verkörperung im eigenen Leben. Die Tür des Yoga bezeichne ich auch als die Tür des Körpers. Damit meine ich nicht nur den ruhigen Körper, wie wir ihn in der Sitzmeditation erfahren oder im Bodyscan untersuchen, bei dem wir unsere

Aufmerksamkeit auf die Haltung und die Empfindungen des Körpers richten, sondern ich spreche hier über eine Form der Achtsamkeitsübung, in der es um Bewegung geht, um eine bestimmte muskuläre Anstrengung und Arbeit. Durch diese Bewegungen können viele Menschen tiefere Ebenen der Stille erreichen. Natürlich ist Yoga nicht die einzige Übung für Achtsamkeit in der Bewegung; Tai-Chi oder Chi Gong sind ebenfalls wunderbare Übungsformen, aber auch Ausdauersportarten wie Schwimmen oder Laufen können zu einer fantastischen Meditation werden. Dazu ist es wichtig, dass wir uns ganz auf den Körper einstimmen und uns vollkommen mit seinen sich wiederholenden Bewegungen verbinden. Zum Beispiel, indem wir beim Schwimmen bewusst unsere Arme durch das Wasser gleiten lassen und achtsam wahrnehmen, wie sich unsere Beine bewegen, und wir den Kopf unserem Atemrhythmus entsprechend drehen; oder beim Laufen das Auftreten unserer Füße, das Schwingen der Arme und die Bewegung des Körpers durch den Raum: Das kann zutiefst erfüllend sein, unser Gefühl der inneren Ganzheit stärken und unseren Geist klären. Viele Menschen nutzen alle möglichen Formen von Bewegung als Meditation. Die einzige Voraussetzung, um alles zu einer Meditation werden zu lassen, besteht darin, dass wir in jedem Moment eine nicht urteilende Aufmerksamkeit üben.

Wir haben viele Probleme mit unserem Körper. Ein Grund liegt darin, dass er nie derselbe ist. Er altert im Laufe der Jahre, sein Aussehen verändert sich. Und wenn wir uns nicht um ihn kümmern, wird er irgendwann krank. Das Wohlergehen unseres Körpers hängt davon ab, wie oft wir uns bewegen und was wir essen. Auch unsere Emotionen sind eng mit dem Körper verbunden. Es gibt also viele Faktoren, die den Zustand unseres Körpers permanent beeinflussen. Der Körper ist ein dynamisches System, auf zellulärer Ebene wird er ständig abgebaut und neu gebildet. Eine der Funktionen des Essens und des Atmens besteht darin, die Nahrung und die Bausteine für diesen Prozess bereitzustellen. Wir haben daher sozusagen jeden Tag einen neuen Körper. Deshalb können wir ihn auch täglich neu entdecken, ihn fragen, wie es ihm heute geht, und beobachten, was wir auf körperlicher Ebene spüren. Morgens nach dem Aufstehen lege ich mich gern als Erstes fünfzehn oder zwanzig Minuten auf den Boden und nehme wahr, wie es meinem Körper geht, bevor ich meine Sitzmeditation mache und dann in den Tag gehe.

Wir können uns den Körper als ein Instrument vorstellen oder sogar als ein Orchester, weil er so viele Organe umfasst. Dieses Instrument oder Orchester muss gestimmt werden, um in Harmonie zu sein. Das weiß jeder, der intensiv mit dem Körper arbeitet, jeder Sportler, Tänzer oder Schauspieler. Denn den Körper in Form zu halten erfordert eine bestimmte Art von Arbeit. Diese Arbeit kann sehr freudvoll sein und sie begleitet uns das ganze Leben, weil wir jeden Tag aufs Neue damit beginnen können. Jeden Tag können wir uns von Neuem fragen, wie es unserem Körper heute geht.

Wenn wir so mit dem Körper umgehen und ihn nicht als selbstverständlich nehmen, wird er es uns danken. Der Körper liebt es, sich zu bewegen, an die eigenen Grenzen zu gehen und herausgefordert zu werden. Bewegen wir uns hingegen nicht, wie beispielsweise nach einer Operation, wird er schlapp und die Muskeln bilden sich zurück. Wenn wir eine Woche lang im Bett liegen, verlieren wir einen Teil der Muskelmasse in den Beinen und die mangelnde Bewegung wirkt sich auch negativ auf das Herz aus. Früher wurde Menschen nach einer Herzoperation monatelange Bettruhe verordnet, heute stehen die Patienten kurze Zeit nach der Operation wieder auf und können schon bald wieder laufen wie zuvor. Es gibt Menschen, die nach einem Herzinfarkt und einer Bypass-Operation noch einen Marathon gelaufen sind.

Der Körper ist also eine Struktur, die am gesündesten ist, wenn sie sich in irgendeiner Weise bewegt und nicht nur in Ruhe verweilt. Dabei ist Bewegung natürlich immer auch mit Ruhe verbunden und Ruhe mit Bewegung. Und natürlich weiß jeder Tänzer oder Sportler, dass es in der Stille oder dem Nicht-Tun eine bestimmte Form von Aktivität gibt.

Wenn wir den Körper bewegen, verändert sich die Qualität der Gelenke, der Muskeln und der Hormondrüsen, die alle Stimulierung benötigen, um ihre Funktionen erfüllen zu können. Bewegung verändert die Verteilung des Blutes im Körper, sie aktiviert das ganze System, das dadurch auch besser entgiftet werden kann. Je intensiver wir zum Beispiel atmen, desto stärker wird das Körpersystem stimuliert. Wenn wir unseren Körper herausfordern, dann stimulieren wir das Gleichgewichtsorgan und entwickeln eine bessere Balance und eine stärkere Flexibilität im Körper. Wir werden später noch sehen, dass es viele Hinweise darauf gibt, dass diese Art von Aktivität einen tief greifenden Einfluss auf unsere Gesundheit und vielleicht sogar auf unsere Langlebigkeit hat. Aber ganz sicher verbessert sich unsere Lebensqualität im Alter, wenn der Zustand des Körpers immer wichtiger wird.

Die Prinzipien des Yoga

Nun können wir uns mit unserem Körper verbinden. Zuerst werden wir einige Yoga-Haltungen im Stehen üben und danach im Liegen weitermachen. Dazwischen werden wir ein paar Übungen im Sitzen ausprobieren. Ich werde Ihnen dabei einige Prinzipien des Yoga vorstellen, auf deren Grundlage Sie dann eigene Übungsabfolgen entwickeln können. Oder Sie üben mit einem Yoga-Buch weiter, indem Sie sich an den Zeichnungen orientieren und mit den Übungen experimentieren. Wichtig ist, dass Sie im Rahmen Ihrer Möglichkeiten arbeiten. Ihre Yoga-Übungen müssen nicht so aussehen wie auf einem Foto oder wie jemand anderes sie ausführt. Bewegen Sie sich nur so weit, wie es Ihnen möglich ist, und tun Sie das, wozu Ihr Körper in der Lage ist. Weil Ihr Körper anders ist als jeder andere, wissen Sie selbst am besten über seine Grenzen Bescheid, die sich vielleicht aus Operationen, Unfällen oder Krankheiten ergeben. Wir sollten uns im Klaren darüber sein, in welchem Rahmen wir üben können. Falls Sie sich diesbezüglich nicht sicher sind, beraten Sie sich am besten mit Ihrem Hausarzt. Sehr häufig aber ist es so, dass wir selbst viel besser wissen, wo unsere Grenzen sind, und ein guter Arzt wird Ihnen das auch sagen und Ihnen ähnliche Hinweise geben, wie ich sie hier erwähne.

Yoga ist äußerst wirkungsvoll, kann aber zum Beispiel auch zu Muskelzerrungen führen, weshalb wir es sehr achtsam ausführen sollten. Wenn wir einen Muskel dehnen, wird das gesamte System der Muskeln beeinflusst, weil im Körper alles mit allem zusammenhängt. Oft spüren wir beim Yoga Muskeln, von denen wir nicht einmal wussten, dass es sie gibt. Muskelzerrungen können sehr unangenehm sein, etwa weil Sie dann Probleme haben, den Kopf zu drehen oder den Arm zu strecken. Deshalb ist es wichtig, dass wir bei den Übungen sanft vorgehen und sehr sorgfältig auf uns selbst achten. Wir machen diese Übungen aber auch mit Menschen, die chronische Rückenprobleme und andere chronische Erkrankungen haben, und sie finden alle ihr Maß, mit dem sie die Übungen ausführen und von ihnen profitieren können.

Die Anleitung für die folgenden Übungen finden Sie auf CD 2.

1. YOGA-ÜBUNG (WEINTRAUBEN ERNTEN)

Wir beginnen im Stehen und spüren unseren Körper. Hier können wir uns an das Gedicht des Indianerältesten erinnern, der uns empfiehlt, stillzustehen, wenn wir uns verirrt haben. Ob wir uns nun in diesem Moment verloren fühlen oder nicht, wir können stillstehen, die Füße sind fest im Boden verwurzelt. Es ist am besten, wenn wir diese Übung ohne Schuhe machen. Wir fühlen die Berührung der Füße mit dem Boden. Und in der Wirbelsäule, die aus dem Becken aufsteigt, spüren wir die aufrechte Haltung hinauf bis in den Hals und den Kopf. Die Schultern sind entspannt, die Arme hängen locker am Körper. Wir spüren den ganzen Körper, wie er hier steht, so wie wir am Ende des Bodyscans unseren ganzen Körper wahrnehmen konnten. Und natürlich atmen wir und spüren unseren Atem. (...)

Wenn wir bereit sind, heben wir den rechten Arm und strecken ihn langsam und achtsam über den Kopf – so weit, wie es geht. Wenn Sie Probleme mit dem Arm, dem Hals, den Schultern, dem oberen oder unteren Rücken haben, dann seien Sie vorsichtig. Nun versuchen wir, den rechten

Arm langsam immer weiter nach oben zu strecken und gleichzeitig die linke Ferse ein wenig anzuheben. Wenn wir den rechten Arm nach oben strecken, hängt der linke Arm locker am Körper herab. Diese Übung heißt „Weintrauben ernten", wir versuchen diese Weintraube zu erreichen, die dort hängt, wo wir noch nicht ganz hinkommen. Wir strecken uns und atmen. Wir dehnen uns nach oben und versuchen, noch etwas höher zu kommen – ein kleines bisschen weiter, noch ein wenig. Dabei atmen wir ruhig weiter, verweilen in Stille, hier an unserer eigenen Grenze. Wir spüren alle Empfindungen in der Hand, im Arm, in der Achselhöhle, im Brustkorb, im Becken, bis hinunter in die Beine, die fest auf dem Boden stehen. (…)

Wenn wir bereit sind, nehmen wir mit einer Ausatmung langsam und achtsam den Arm wieder herunter und setzen die Ferse auf den Boden ab. Nun stehen wir wieder locker und verbinden uns mit dem Atem. Wir spüren den ganzen Körper, Moment für Moment. Wir stehen wie ein Berg – und tatsächlich wird diese stehende Haltung im Yoga als die Berghaltung (*tādāsana*) bezeichnet. Wir sind verwurzelt, (…) still, (…) präsent. (…)

Wir spüren die Wirkung der Übung in unserem Körper, wir spüren, wie sich der Körper jetzt anfühlt. Wir urteilen nicht, wir nehmen es nur wahr. Wir spüren einfach die Empfindungen, wir müssen nicht darüber nachdenken. Wir fühlen den Körper in diesem Augenblick und nehmen wahr, ob er sich symmetrisch oder asymmetrisch anfühlt.

Während ich jetzt meinen Körper spüre, bemerke ich eine Erweiterung, eine Dehnung auf der rechten Seite. Die rechte Körperseite fühlt sich größer an als die linke, insbesondere im Brustkorb und unter der Achselhöhle. Die linke Seite scheint im Vergleich dazu etwas kleiner zu sein. (…)

Wenn wir bereit sind, atmen wir einmal tief ein und strecken nun den linken Arm nach oben über den Kopf. Wir dehnen uns, nehmen die rechte Ferse etwas vom Boden und versuchen auch hier eine Weintraube zu pflücken, die wir gerade so erreichen können. Wir atmen, dehnen uns und strecken den Arm. Damit dieses Gefühl des Gewahrseins den ganzen Körper erfüllt, können wir auch die Augen schließen. So werden wir nicht abgelenkt. Wir spüren den Atem, wie er den ganzen Körper durchströmt. Wir lassen unser Gewahrsein den Körper durchdringen: die linke Achselhöhle, den Ellbogen, das Handgelenk, die Fingerspitzen. Wir strecken und dehnen uns aus dem Becken heraus. Und wenn es genug ist, nehmen wir auch hier wieder den Arm nach unten. Langsam und mit vollem Gewahrsein kommen wir wieder in den Stand zurück.

Für mich ist Yoga eine wunderbare Übung, weil sie uns tief in unseren Körper bringt. Und wir können unseren Körper so leicht vergessen. Im Yoga spüren wir die Fülle der körperlichen Erfahrungen und die Stille darin.

2. YOGA-ÜBUNG (BECKENSCHAUKEL)

Eine meiner Lieblingsübungen ist die Beckenschaukel. Sie ist etwas schwer zu erklären. Wir beginnen im Stehen mit den Beinen etwa körperbreit auseinander. Die Knie sind etwas gebeugt, sodass wir in einer ganz leichten Kniebeuge sind. Beim Einatmen nehmen wir die Arme nach hinten, hinter den Körper, so weit es geht, und wir heben die Arme dabei an. Gleichzeitig drücken wir das Becken nach hinten, sodass das Gesäß herausgestreckt wird und der Brustkorb sich nach vorn dehnt (A). Dabei atmen wir tief ein. Beim Ausatmen runden wir den Rücken, sodass wir den Kopf nach unten nehmen, während wir die Arme in einem 45-Grad-Winkel nach vorn bringen. Wir runden den Rücken und drücken das Becken nach vorn (B). Beim Einatmen lassen wir die Arme wieder sinken und heben sie hinter uns, bringen den Brustkorb nach vorn und drücken das Becken zurück. Bei jedem Ausatmen runden wir den Rücken, lassen den Kopf sinken und bringen die Arme in einen 45-Grad-Winkel vor uns. Und so üben wir es im Rhythmus: Beim Einatmen drücken wir das Becken nach hinten und beim Ausatmen runden wir den Rücken. So geht es immer abwechselnd. Wir drücken das Becken nach vorn und dann nach hinten, der Rücken rundet sich und geht dann wieder leicht ins Hohlkreuz. Immer abwechselnd. Wir machen diese Übung langsam und achtsam. Und wenn wir bereit sind, dann halten wir an und kommen langsam wieder zum Stehen.

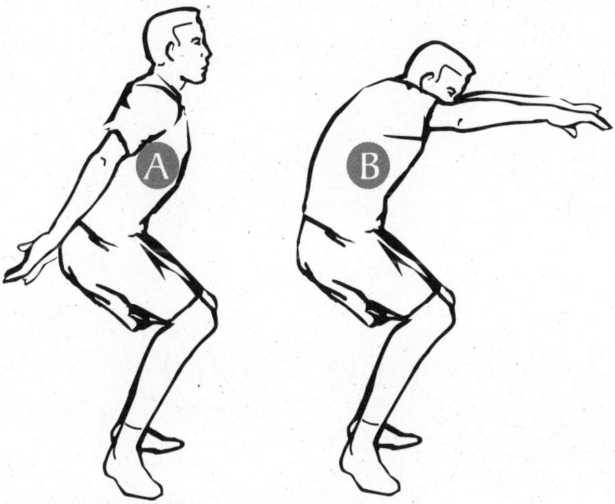

Dies ist eine sehr wirkungsvolle Übung. Durch die Beckenschaukel können wir den Rücken entspannen und Lebendigkeit nicht nur in den unteren Rücken bringen, sondern auch in den Bauch und die Bauchmuskeln. Natürlich sind an dieser Übung auch der Hals und der Oberkörper beteiligt. Wenn Sie irgendeine Schwäche im unteren Becken haben, kann Ihnen diese Übung sehr nützen. Die Beckenschaukel wird auch oft von Physiotherapeuten empfohlen.

Es gibt einen wunderbaren Spruch unter Physiotherapeuten: „Wenn du es nicht benutzt, verlierst du es.“ Und: „Wenn es körperlich ist, dann ist es auch therapierbar.“ Ich würde ihn noch etwas erweitern: „Wenn es körperlich ist, dann ist es auch therapierbar – wenn wir achtsam sind.“

Denn so viele körperliche Übungen werden ohne Achtsamkeit ausgeführt, mit Kopfhörern und völlig abgelenkt. Bei den Übungen, die wir hier kennenlernen, geht es darum, dass wir uns wirklich mit dem Körper verbinden, uns auf ihn einstimmen. Alle Weltklassesportler verbinden sich mit ihrem Körper, sie laufen nicht mit Kopfhörern herum und schalten ab. Vielmehr beobachten sie ständig die Empfindungen in ihrem Körper und sind vollkommen mit dem Atem und der Bewegung des Körpers verbunden. Gute Sportler üben auch Achtsamkeit und verfangen sich nicht in ihren Gedanken darüber, wie gut sie sind, weil sie dadurch Energie und Stärke verlieren.

---

3. YOGA-ÜBUNG

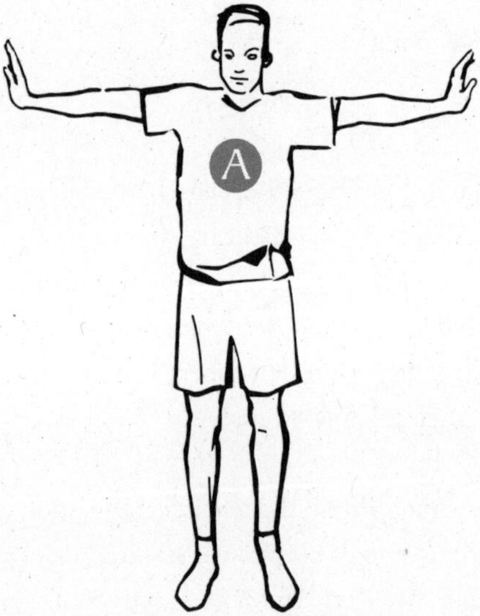

Wir können nun noch einige weitere Übungen im Stehen praktizieren. Mit dem Einatmen heben wir die Arme seitlich (A). Wir strecken sie ganz zur Seite und heben sie langsam über den Kopf und halten sie dort parallel, die Fingerspitzen zeigen zur Decke. Wir atmen tief in dieser Haltung und dehnen uns von unseren Fersen aus (B). Wir lassen die Fersen auf dem Boden, dehnen uns und lassen den Atem frei fließen, ein und aus. Wir strecken uns, soweit das gut geht, und spüren die Dehnung. Wir drücken das Becken unter die Wirbelsäule, damit der untere Rücken ganz gerade ist, sodass er sich weder nach vorn noch nach hinten krümmt. Und wenn wir bereit sind, dehnen wir uns mit einem Ausatmen zur rechten Seite, so weit, wie wir können. Die Hüfte bewegt sich nach links und die Arme bewegen sich nach rechts. So beugen wir den Bereich über der rechten Hüfte und dehnen die linke Seite (C). (…)

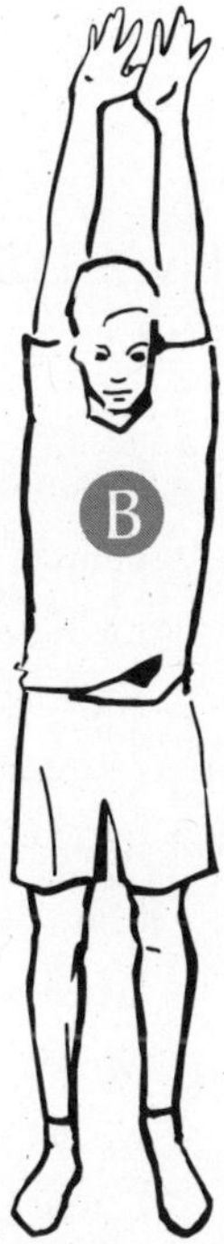

Wir atmen einfach in dieser Haltung und lassen die Arme parallel über dem Kopf gestreckt. Wir atmen langsam und rhythmisch: Der Atem kann so die verschiedenen Regionen des Körpers durchdringen, in denen wir die intensivste Dehnung spüren. Dabei gehen wir nicht über unsere Grenzen hinaus. (…)

Wenn wir bereit sind, kommen wir wieder in die Mitte zurück. Und mit einem Ausatmen bewegen wir die Arme und den Kopf nach links und das Becken und der Körper neigen sich nach rechts. So formen wir ein umgedrehtes C, von den Füßen bis zum Kopf. Wir lassen diese Biegung so groß wie möglich werden. Das Einatmen verstärkt die Dehnung auf der rechten Seite und beim Ausatmen geben wir uns der Schwerkraft hin. Die Schwerkraft zieht uns ein wenig tiefer herunter und wir entspannen uns in dieser Dehnung. Und wenn wir bereit sind, kommen wir mit einem Einatmen wieder hoch. Wir strecken uns noch einmal nach oben und lassen dann die Arme wieder an den Seiten sinken. So wie ein großer Vogel, der langsam seine Flügel ausbreitet und sie wieder sinken lässt und zusammenfaltet. So kommen wir wieder zurück zum Atem. (…)

Danach können wir einige Male die Schultern heben und rollen. Dies ist eine gute Übung, wenn der Hals verspannt ist oder wenn die Schultern vom stressigen Autofahren oder durch eine starke Emotion angespannt sind. Wir heben die Schultern zu den Ohren (A) und rollen sie so nach vorn, als würden wir versuchen, dass sie sich vor uns berühren. Das werden wir natürlich nicht schaffen, aber wir versuchen, die Schultern vor der Brust zusammenzudrücken (B). Dann lassen wir sie los (C).

Nun heben wir wiederum die Schultern, so weit wir können, nach oben und lassen dabei die Arme locker hängen. Wir drücken die Schultern nach hinten und versuchen, dass die Schulterblätter einander berühren (D). Dann lassen wir die Schultern wieder los und nehmen sie nach oben zu den Ohren, wo wir sie wieder vor dem Körper zusammendrücken. (…) Und lassen sie wieder los.

So können wir mit den Schultern große kreisende Bewegungen vollführen, immer in der Richtung und der Geschwindigkeit, die für uns stimmig ist. Dabei können wir darauf achten, an welchem Punkt während dieses Kreises wir gern einatmen und wann wir gern ausatmen.

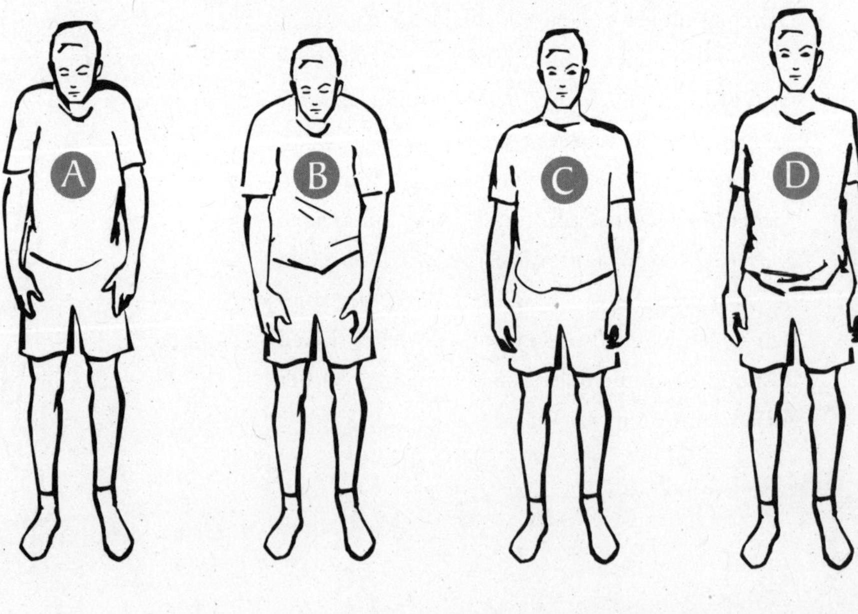

Wir spüren diese Bewegung. Die Kreisbewegung kann sehr klein sein, kaum sichtbar, oder riesig, je nachdem, wie groß das Gefühl von Freiheit und Raum ist, das wir in den Schultern spüren. Wenn wir diese Übung über eine längere Zeit immer wieder machen, werden wir bemerken, dass sich die Beweglichkeit unserer Schultern im Laufe der Zeit vergrößert. Der Körper reagiert sehr stark auf diese Form der Praxis. Diese Übung erscheint so einfach und ist nicht sehr anstrengend, aber sie ist sehr kraftvoll.

Wenn wir nun die Kreise in der anderen Richtung machen wollen, beginnen wir damit, dass wir die Schulterblätter nach hinten ziehen und zusammendrücken. Wir ziehen die Schultern so weit nach hinten, wie wir können, und lassen sie los. Dann bringen wir sie nach vorn vor die Brust und nach oben zu den Ohren in einer großen rollenden Bewegung. So bewegen wir die Schultern immer im Kreis. Dabei beobachten wir den Atem und bleiben mit unserem Körper in Verbindung. Wir spüren die Empfindungen, wir spüren unseren Körper. (…) Nun können wir unsere Arme in eine neutrale Position zurückbringen, sie locker herabhängen lassen und zu unserem Atem zurückkommen, den wir in dieser stehenden Haltung spüren.

Wir sind uns der Empfindungen vollkommen bewusst: in den Füßen, (…) in den Beinen, (…) im Becken, im Bauch und im unteren Rücken, (…) im Brustbereich, im oberen Rücken, (…) in den Armen und Schultern, (…) in den Händen und Fingern, (…) im Nacken, (…) im Kopf, (…) und im Gesicht.

Wir stehen in der Stille. (…) Wir lauschen in unseren Körper. Im stillen Stehen. Wir erlauben uns, genau dort zu sein, wo wir sind. In diesem Moment, (…) ohne irgendein Ziel. Wir müssen nirgendwo anders sein. Nichts Bestimmtes muss geschehen. Wir müssen auch nicht irgendetwas Besonderes fühlen. Wir lassen einfach die Gefühle zu, die jetzt da sind. Wir betrachten innerlich diese Gefühle, die Wetterlage des Geistes und des Körpers in diesem Moment. Wie ist sie? Wie ist der Zustand der lokalen Atmosphäre? Können wir auf unserem Radar den rechten Arm, den unteren Rücken wahrnehmen? Sehen wir Wolken im Geist oder ist der Himmel blau und klar? Fühlt es sich an wie ein Sonnenaufgang oder eher wie der Einbruch der Nacht? Wo sind wir in unserem Tageszyklus? Wo ist der Mond? Wie fühlt sich nun der Brustbereich an? Was geschieht im Bauch? (…) Jenseits des Denkens halten wir dies alles im Gewahrsein, genau jetzt in diesem winzigen Moment. (…)

---

5. YOGA-ÜBUNG

Wenn wir bereit sind, können wir eine Übung auf dem Boden machen, auf einer gepolsterten Unterlage. Dazu sollten wir vielleicht besser nicht das Bett nutzen, sondern lieber eine Schaumstoffunterlage, einen Teppich, einen Schlafsack oder eine Isoliermatte. Wir legen uns auf den Rücken und winkeln die Knie an, sodass die Füße etwa körperbreit auseinander auf dem Boden stehen.

Weil ich Sie nicht kenne, müssen Sie selbst entscheiden, ob Sie sich auf den Boden hinlegen können oder ob Sie meine Anleitung etwas modifizieren müssen.

Die Grundregel lautet: So wenig tun, wie angenehm ist. Oder so viel tun, wie angenehm ist.

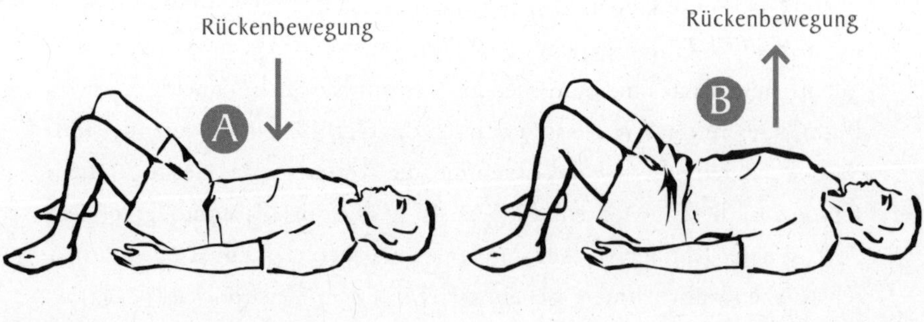

Wir sollten eher zu vorsichtig sein, als zu viel zu riskieren. Es geht nicht darum, dass wir heute alles auf eine Karte setzen müssen, um einen Durchbruch zu erreichen. Statt eines Durchbruchs erleben wir wahrscheinlich einen Zusammenbruch, und können uns verletzen, wenn wir nicht aufpassen.

Wir sollten diese Übung also mit einer tiefen Wertschätzung für unseren Körper machen. Wir versuchen nicht, irgendwo hinzukommen, sondern wir nehmen genau wahr, was der Körper tun kann.

Wir liegen hier, mit den Armen neben dem Körper, die Beine sind angewinkelt und die Füße haben Kontakt mit dem Boden und stehen körperbreit auseinander. Nun können wir versuchen, ob wir den unteren Rücken etwas flacher auf den Boden drücken können, indem wir die Bauchmuskeln anspannen und das Becken nach unten drücken (A), so wie wir es vorher im Stehen getan haben. Wir füllen den Raum unterhalb der Wirbelsäule aus. Wir können auch eine Hand unter den unteren Rücken legen und in der neutralen Position den Raum zwischen der Wirbelsäule und dem Boden spüren. (…)

Wir achten darauf, wie sich die Bauchmuskeln dabei anspannen. Dann entspannen wir uns und bewegen das Becken in die andere Richtung, nach oben, so, dass ein möglichst großer Raum zwischen dem unteren Rücken und dem Boden entsteht (B). Dabei spüren wir die Biegung im Brustbereich und in der Wirbelsäule. Wir heben das Becken aber nicht vom Boden, sondern runden es und rollen es nach oben. Ohne den Rücken anzuheben, spüren wir den Bogen, der vom Becken die Wirbelsäule hinaufgeht und im oberen Rücken und den Schulterblättern wieder auf den Boden trifft. Und so wechseln wir immer wieder hin und her und drücken das Becken abwechselnd nach oben und nach unten.

Diese Bewegung können wir auch mit den Bewegungen der Arme verbinden. Mit dem Einatmen können wir die Arme ganz nach hinten über den Kopf strecken, bis sie den Boden berühren. Mit dem Ausatmen können wir sie nach vorn bringen und sogar etwas mit der Brust und dem Kopf nach oben kommen, während wir den unteren Rücken zum Boden drücken. Dies können wir immer abwechselnd tun, nach oben und unten, in einer

Geschwindigkeit, die für uns passend ist. Dabei lassen wir den Atem unsere Bewegungen führen: Mit dem Einatmen bewegen wir den Rücken ganz nach oben und mit dem Ausatmen wieder ganz nach unten. Statt den Atem an die Bewegung anzupassen, folgen wir mit der Bewegung dem Atem. (…)

Wenn wir bereit sind, kommen wir wieder in die neutrale Position zurück. Wir können uns ausstrecken, wenn das angenehm für uns ist. Die Arme liegen neben dem Körper, die Füße fallen zur Seite, die Beine liegen gerade auf dem Boden. Wenn das nicht angenehm ist, können wir auch eine andere Haltung finden, die bequemer ist. (…)

---

6. YOGA-ÜBUNG

Nun strecken wir die Arme seitlich aus, sodass sie in einem rechten Winkel zum Körper liegen. Die Hände liegen flach auf dem Boden. Wir setzen die Füße wieder auf dem Boden auf, die Knie zeigen zur Decke. Dieses Mal berühren sich die Füße und die Knie. Wir atmen in dieser Haltung und achten darauf, dass der untere Rücken flacher wird, während die Knie angewinkelt sind und die Füße flach auf dem Boden stehen. Wenn wir bereit sind, atmen wir tief ein und mit dem Ausatmen lassen wir die Knie auf die rechte Seite sinken. Dabei drehen wir den Kopf nach links und spüren die Dehnung im Brustbereich, von den Knien über die Brust bis zum Kopf. So atmen wir einfach weiter. Die Knie liegen auf der rechten Seite, hängen über dem Boden oder ein Knie liegt auf dem Boden und das andere darüber, je nachdem, wie es sich besser anfühlt. Wir spüren die Drehung in der Wirbelsäule und im Brustkorb. Dabei atmen wir und mit dem Einatmen spüren wir, wie der Atem die Dehnung verstärkt. Mit dem Ausatmen lassen wir noch etwas mehr los, in die Dehnung hinein. Wir lassen alles in den Boden sinken und geben uns der Schwerkraft hin. (…)

Atemzug für Atemzug, Moment für Moment, lassen wir alles sein, so wie es ist, je nach unseren Möglichkeiten. Wir gehen nicht über unsere Grenze hinaus. Wenn wir bereit sind, bringen wir die Knie und den Kopf wieder in die Mitte.

Mit dem Ausatmen lassen wir die Knie zur linken Seite sinken und drehen den Kopf nach rechts. Auch hier dehnen wir uns nur so weit, wie wir ohne zu kämpfen können. Beim Einatmen erweitern wir die Dehnung und beim Ausatmen ruhen wir in dieser erweiterten Dehnung. Dabei lassen wir los, unsere Muskeln im ganzen Körper lassen los. Und wieder lassen wir die Erde uns nach unten ziehen. Wir spüren die Muskeln in der Wirbelsäule und lassen sie los, während sie sich dehnen. (…)

Wenn wir bereit sind, kommen wir wieder in die Mitte zurück. Wir atmen einige Male tief ein und aus. Dann umfassen wir die Knie mit unseren Armen und ziehen sie ganz sanft zur Brust (A). Wir können auch den Kopf ein wenig zu den Knien heben, vielleicht sogar mit der Stirn die Knie berühren (B). Aber es ist völlig in Ordnung, wenn das nicht möglich ist.
Wir achten einfach darauf, was unser Körper tun kann. Es gibt kein Richtig oder Falsch, kein gut oder besser. In dieser Haltung atmen wir. Wir dehnen den Rücken, heben den Kopf und spüren den Atem. Wir erlauben uns selbst, wirklich in dieser Körperhaltung zu sein. Wir spüren die Wirkung in den Hüften, wo immer wir Empfindungen wahrnehmen, egal, wie intensiv. Und wenn wir bereit sind, strecken wir den Körper langsam wieder aus. Die Arme liegen wieder seitlich am Körper, die Füße sind gestreckt und fallen locker zur Seite. Wir reiten auf den Wellen des Atems, ein und aus. (…) Wir spüren, wie sich der Körper jetzt anfühlt. (…)

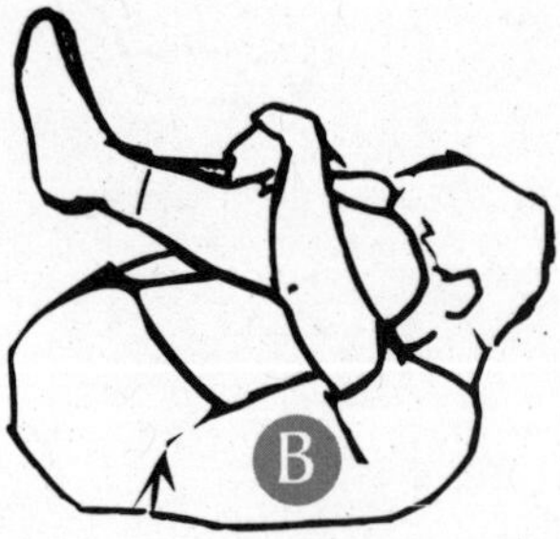

Sie sehen, dass es im Yoga unzählige Möglichkeiten gibt, mit dem Körper zu arbeiten. Es ist ein Weg, um systematisch gleichzeitig Muskelkraft, Flexibilität und Balance zu entwickeln. Das hat natürlich eine starke Wirkung auf den Geist, denn Körper und Geist sind nicht getrennt. Je mehr Flexibilität und Stärke wir im Körper entwickeln, desto mehr Flexibilität und Stärke entwickeln wir auch im Bereich unseres Geistes und in unseren Emotionen, Reaktionen und unserem Wahrnehmungsvermögen. Je mehr Balance wir im Körper entwickeln, desto ausgeglichener werden wir in den Situationen und Umständen unseres eigenen Lebens sein. Der Körper nährt also den Geist und die Arbeit des Geistes im Yoga nährt auch den Körper.

Wahrer Yoga

Wir könnten jetzt stundenlang so weiter üben. Weil das in diesem Rahmen aber nicht möglich ist, sollten Sie wissen, dass es noch mehr Audioaufnahmen und Bücher gibt, die Sie bei den achtsamen Yogaübungen anleiten können. Sie finden diese Übungen in vielen meiner Bücher ebenso wie in denen andere Autoren. Die wichtigste „Quelle" um herauszufinden, welche Übungen Ihnen guttun, sind allerdings Sie selbst.

Wenn wir uns einfach auf den Boden legen oder uns früh am Morgen vor einen Spiegel stellen, können wir hinspüren, nach welchen Bewegungen unser Körper jetzt verlangt. Dabei können wir uns an das Gedicht *Verirrt* erinnern: „Wenn du das, was ein Baum oder ein Busch tut, nicht verstehst, dann hast du dich ganz sicher verirrt." Gleichermaßen können wir sagen: „Wenn du das, was ein Arm oder ein Bein tut, nicht verstehst, dann hast du dich ganz sicher verirrt."

Morgens vor dem Spiegel oder am Boden auf dem Teppich können wir also einfach zulassen, was unser Körper tun möchte. Wir atmen ein und aus und spüren, wie der Atem das Dehnen, Halten, Zusammenziehen oder Anheben des Körpers beeinflusst. Wir spüren, was geschieht, wenn wir eine Bewegung nur mit einem Bein ausführen. Wir können uns auch Bilder mit Haltungen suchen, die wir nachmachen wollen.

Dabei erkennen wir, dass letzten Endes alles, was wir mit unserem Körper tun, Yoga ist. Über die Straße gehen ist Yoga. An der Ampel warten ist Yoga. Auf den Fahrstuhl warten ist Yoga. Es gibt so viele Herausforderungen, die der Körper ständig erfährt. Wenn wir im Körper anwesend und mit dem Atem und den Empfindungen des Körpers verbunden sind, dann machen wir Yoga.

Aber es gibt noch einen Schritt darüber hinaus, denn der wahre Yoga hat nichts mit dem Körper zu tun. Beim wahren Yoga geht es um die innere Arbeit des Verstehens unseres eigenen Seins und unserer Beziehung zum Ganzen. Hier erfahren wir die Beständigkeit und unmittelbare Nähe dieser Beziehung, die immer real ist. Wir machen die Erfahrung, dass wir nicht nur ein Teil dieses Ganzen sind, sondern dass wir selbst ganz sind. Jeder Tag ist eine neue Einladung, um uns neu zu verkörpern. Dabei erinnern wir uns an die Wahrheit, die uns immer zugänglich ist: Unser Leben entfaltet sich *jetzt*.

Dieser Körper ist ein unvergleichliches Wunder, deshalb sollten wir uns um ihn kümmern. Er braucht Nahrung und diese Form der Übung, die zur Verkörperung in unserem Körper einlädt. Es ist wesentlich nahrhafter, den Körper mit Gewahrsein zu erfüllen, als die meisten Nahrungsmittel es sind, die wir zu uns nehmen. Vielleicht könnten wir etwas weniger essen und etwas mehr auf diese Weise üben und beobachten, wie sich das auswirkt. Den Menschen, die zu uns in die Klinik oder zu meinen Workshops kommen, sage ich gern das Folgende: Beginnen Sie einfach mit der Übung, bleiben Sie dabei, und ich komme in zwanzig Jahren wieder und schaue, wie es Ihnen damit geht.

9 Vom Umgang mit Stress

Allgemeine Stressauslöser

In unserer Klinik gibt es Schilder mit der Aufschrift „Stressbewältigung“, die mit großen Pfeilen versehen sind. Ich habe ein interessantes Phänomen beobachtet: Die Menschen, die diesen Schildern folgen, wissen oft gar nicht, wohin sie gehen, aber allein das Versprechen „Stressbewältigung“ zieht sie an, denn danach suchen sie alle. Und zweifellos brauchen die Mitarbeiter der Klinik dies ebenso sehr wie die Patienten.

Wir leben in einer Zeit, in der an den Einzelnen sehr hohe Erwartungen und Anforderungen gestellt werden. Nicht, dass Stress eine neue Erfindung wäre, Stress ist ein Teil des Daseins, seit es Leben auf dem Planeten gibt. Wir haben schon darüber gesprochen, dass Stress mit der Notwendigkeit von Veränderung und der ständigen Anpassung an Umweltbedingungen zu tun hat. Aber in unserer heutigen Zeit gibt es ganz besondere Stressauslöser.

Es ist deshalb hilfreich, zunächst zu fragen, was Stress eigentlich ist und wie wir uns vor einigen seiner eher schädlichen Auswirkungen schützen können. Stress ist ein Sammelbegriff, der für verschiedene Menschen ganz unterschiedliche Bedeutungen hat. Aber in der Regel wird Stress als die unspezifische Reaktion eines Organismus auf Druck und Anforderungen, die auf ihm lasten, verstanden. Das heißt, dass im Grunde alles zu Stress führen kann, wenn es uns dazu auffordert, uns in irgendeiner Weise zu bewegen, uns zu verändern oder zu reagieren.

Das beginnt bereits mit dem Aufstehen am Morgen. Auch acht Stunden am Stück an einem Fließband zu stehen, kann Stress auslösen, schon das Stehen als solches ist anstrengend und stressig, weil die Schwerkraft ununterbrochen an uns zieht. Ein Arbeitsplatz mit unfreundlichen Kollegen kann sehr belastend und stressig sein, denn wir müssen dann in einer Umgebung leben, in der wir uns nicht akzeptiert fühlen. Auch wenn in unserem Leben unangenehme oder tragische Ereignisse geschehen – ein Verlust oder eine Herausforderung –, kann dies natürlich zu großem Stress führen. Denn solche Ereignisse erfordern Anpassung von uns und sind oft auch mit dem Gefühl verbunden, dass unser Wohlergehen gefährdet ist.

Einer der wichtigsten Stressauslöser, den Menschen immer wieder erwähnen, sind andere Menschen. Mit anderen Menschen klarzukommen, kann sehr stressig sein, insbesondere, wenn diese Menschen nicht besonders daran interessiert sind, sich gut mit uns zu verstehen, und nicht willens, sich damit auseinanderzusetzen, wie sie in der Welt oder in Beziehungen handeln. Solch eine Situation erzeugt besonders dann viel Stress, wenn so jemand darüber zu entscheiden hat, ob wir unseren Job behalten oder was wir während unserer Arbeitszeit tun müssen. In der Arbeitswelt sind die stressigsten Berufe diejenigen, in denen man wenig Entscheidungsmöglichkeiten und gleichzeitig hohe Verantwortung hat. Trägt man hohe Verantwortung, hat gleichzeitig aber auch die dementsprechenden Entscheidungsbefugnisse, muss kein belastender Stress entstehen. Der größte Stress entsteht, wenn wir die Verantwortung haben, aber nicht die notwendigen Entscheidungen treffen können, um ihr gerecht zu werden.

Zeitdruck führt ebenfalls häufig zu Stress, zum Beispiel wenn es Termine gibt und wir Dinge zu einem bestimmten Zeitpunkt fertig haben müssen. Oft haben wir so viel gleichzeitig zu tun, dass kein Ende in Sicht ist. Dann leben wir mit der ständigen Last auf unseren Schultern und haben das Gefühl, dass wir niemals fertig werden und dass dieser Druck kein Ende nehmen wird. Das kann ausnehmend stressig und erschöpfend sein.

Für einige Menschen ist Autofahren sehr stressig, besonders auf der Autobahn. Bei anderen Menschen entsteht beim Autofahren überhaupt kein Stress. Das ist bei jedem anders. Routinemäßige, sich ständig wiederholende Aufgaben können ebenfalls sehr viel Stress hervorrufen, weil man sich fragt, ob es nicht noch mehr im Leben gibt, als diese langweiligen Wiederholungen bei der Hausarbeit, beim Wäschewaschen, Einkaufen, Kochen oder der Kinderbetreuung. Das ist vor allem dann der Fall, wenn wir uns isoliert fühlen, uns als Einzige oder Einziger um alles kümmern und die anderen Familienmitglieder dies von uns erwarten, ohne ihre Hilfe anzubieten.

Auch innere Zustände können zu Stress führen, ein Mangel an Selbstvertrauen oder Minderwertigkeitsgefühle zum Beispiel. Dann wird alles, was uns begegnet, schnell zu einer überwältigenden Bedrohung, weil wir uns dem nicht gewachsen fühlen. Zudem kann es eine Form von genereller Angst geben, besonders in Bezug auf die Zukunft, welche häufig zu einem Gefühl von Überforderung oder Belastung führt.

Hinzu kommt, dass wir in einer Zeit leben, in der die Puffer, durch die wir den Stress regulieren konnten, verloren gegangen sind. Die Großfamilie war ein sehr starker Puffer gegen Stress, weil wir in Familien und Clans aufgehoben waren. Dort konnten wir die körperlichen, emotionalen und spirituellen Belastungen mit uns nahe stehenden Menschen teilen. Heute ist es nicht nur so, dass wir nicht mehr in Großfamilien leben, oft leben wir in Wohnvierteln, in denen wir nicht einmal unsere Nachbarn kennen. Dadurch entsteht ein Gefühl der Isolation. In gewissem Maße gibt es solche Gefühle aber auch innerhalb der Familie, wenn man einander nicht mehr wirklich begegnet. Oft ist die zeitliche Belastung in unserem Leben so stark, dass wir uns noch nicht einmal beim Abendessen sehen.

In der Vergangenheit hatte auch das religiöse Leben eine viel stärkere Pufferfunktion als heute, die Menschen wurden dadurch vor dem Stress des säkularen Alltags geschützt.

Heutzutage sind wir in der Regel deutlich weniger mit der heiligen Qualität des Lebens und der Welt verbunden. Viele von uns empfinden dies als einen Verlust, denn solch eine Verbindung mit einer heiligen Dimension könnte sich sehr heilsam bei Stress auswirken.

Frühe Warnzeichen für Stress

Eines der frühen Warnzeichen für Stress ist ein leichtes Gefühl von Anspannung. Oft merken wir erst, wenn wir anfangen, Yoga zu machen oder zu meditieren, wie angespannt unser Körper ist. Das kann eine Überraschung sein, weil wir vorher nie auf die Botschaften unseres Körpers geachtet haben. Plötzlich spüren wir, wie viel Spannung im Hals, im Kiefer, in der Stirn oder in den Lippen ist. Wir wussten gar nicht, auf wie viele unterschiedliche Weisen der Körper uns die Botschaft gesendet hat, dass wir uns nicht wohl fühlen in unserer Haut.

Schlafprobleme sind ein weiteres sehr verbreitetes Zeichen dafür, dass wir in unserem Leben unter Stress leiden. Wenn wir nicht einschlafen können oder mitten in der Nacht aufwachen und nicht wieder in den Schlaf finden, weil uns unsere Gedanken keine Ruhe lassen. Auch unspezifische Traurigkeit ist oft ein Hinweis darauf, dass es irgendeinen Aspekt in unserem Leben gibt, der nicht in Ordnung ist, dass etwas aus dem Gleichgewicht geraten ist, Dies kann mit allen möglichen Symptomen wie Kopfschmerzen, Verdauungsproblemen oder erhöhtem Blutdruck einhergehen.

Es gibt also eine ganze Bandbreite an Möglichkeiten, wie uns der Körper Warnsignale geben kann. Ignorieren wir diese Signale, werden die Symptome mit der Zeit immer stärker, bis wir sie schließlich nicht mehr übersehen können. Und es wird sehr unerfreulich, wenn diese Botschaft erst eine Form annehmen muss, die tiefgreifendere Konsequenzen für uns hat.

Achtsamkeit kann sehr hilfreich sein, um mit den Botschaften, die uns unser Körper sendet, schneller in Berührung zu kommen. Durch Achtsamkeit können wir besser wahrnehmen, wann wir Stress erfahren, und neue Wege finden, um mit diesem Stress angemessen umzugehen.

Es geht nicht darum, dass wir unsere Arbeit aufgeben und nach Hawaii ziehen oder auf der Spitze eines Berges leben, um so dem Stress zu entkommen. Das würde uns auch gar nichts nützen, denn wir nehmen unseren Geist immer mit, egal, wohin wir gehen. Allein schon die Beschaffenheit unseres Geistes und unsere mentalen Reaktionen erzeugen eine große Menge Stress. Selbst wenn wir also an einen ruhigen Ort gehen würden, wären wir wahrscheinlich weiterhin nicht glücklich und fühlten starken Stress und Anspannung in unserem Leben.

Worum es also geht, ist, dass wir unser Leben, das nur wir leben können, wirklich leben. Das heißt nicht, dass wir einen Job, der uns zerstört, weiterhin machen sollten, ohne darüber nachzudenken, wie wir unsere Arbeits- und Lebenssituation verändern können. Natürlich sollten wir Schritte überlegen, wie wir tiefere Zufriedenheit, Ausgeglichenheit und Selbstbestimmung erfahren können. Aber oft sind nicht die Stressauslöser selbst das Problem, sondern vielmehr die Art und Weise, wie wir uns darauf beziehen. Denn Stressauslöser gibt es überall im Leben.

Den Dingen begegnen, wenn sie auftauchen

Die Frage ist also, wie wir mit dem, was auf uns zukommt, umgehen. Oder wie wir auf das, was in uns hochkommt, antworten. Die Unterscheidung, die wir dabei machen, ist für Stress und den Umgang damit sehr wichtig: Es ist die Unterscheidung zwischen einer *Reaktion* auf eine stressige Situation und einer *Antwort* darauf. Eine Reaktion ist oft automatisch, reflexartig und unbewusst, während eine Antwort ein Element der Achtsamkeit und deshalb auch der Bewusstheit enthält. Diese Bewusstheit erweitert unser Repertoire an Möglichkeiten, mit dem Stress angemessen umzugehen.

Als Erstes lernen wir in diesem Prozess Folgendes: Wenn etwas auftaucht, dann tut es das ganz plötzlich. Wir erleben dies während der Meditation ständig, auf einmal ist ein Gedanke, ein Gefühl, eine Empfindung von Angst da, und sofort spüren wir auch eine Anspannung im Körper und der Herzschlag wird schneller. In diesem Moment können wir anerkennen, dass wir das, was geschehen ist, nicht mehr ändern können. Deshalb ist es so wichtig, dass wir in diesem Moment beobachten, was geschieht, vor allem, wenn es ein Moment ist, in dem ein starker Stress spürbar ist. Statt wegzulaufen oder uns abzulenken, können wir es umarmen, uns annähern und es direkt anschauen. Das meine ich mit dem „Umarmen der ganzen Katastrophe".

Wie immer sie aussehen mag, wir können uns unserer augenblicklichen Erfahrung zuwenden und uns mit unserem Atem verbinden. In diesem Moment können wir eine Entscheidung treffen, denn jetzt ist es möglich, anders als gewohnt, intelligent, darauf zu antworten. Wir müssen nicht so reagieren, wie wir es immer getan haben, wenn unsere roten Knöpfe gedrückt wurden oder wenn wir uns bedroht, verletzt oder überwältigt fühlten.

Denken Sie einmal darüber nach, was in einer Situation, in der Sie sich bedroht fühlen, fast immer geschieht. Wir wissen, dass der Körper seine eigenen Schutzmechanismen hat, um mit lebensbedrohlichen Situationen umzugehen. Ein sehr wichtiger Mechanismus ist die Kampf-oder-Flucht-Reaktion, die das autonome Nervensystem auslöst und zu diesem Zweck Stresshormone in den Blutkreislauf abgibt. So sind wir bereit zum Handeln. Wenn wir zum Beispiel im Wald einem Bären begegnen, verändert sich unser Zustand von einem Moment auf den anderen vollkommen, damit wir angesichts dieser bedrohlichen Situation bereit sind, sofort zu flüchten oder zu kämpfen. Wir können in solchen Situationen, wenn die Kampf-oder-Flucht-Reaktion ausgelöst wird, eine unglaubliche körperliche Stärke mobilisieren. Dabei geht der Blutfluss nicht mehr zum

Bauch – denn wenn wir kurz davor stehen, von einem Tiger gefressen zu werden, brauchen wir unser eigenes Essen nicht mehr zu verdauen –, sondern das Blut wird zu den Muskeln der Arme und Beine geleitet, damit wir flüchten oder kämpfen können. Auch das Gehirn wird mit viel Blut versorgt, denn es braucht sehr viel Sauerstoff, um den Überblick über die Lage zu behalten.

In solch lebensbedrohlichen Situationen ist es Menschen schon gelungen, ein Auto anzuheben und andere unglaubliche Dinge zu tun. Der Herzschlag erhöht sich und die verteilte Blutmenge ist fünfmal höher als im Normalzustand, was eine enorme Zunahme des Blutflusses bedeutet. Die Nackenhaare stellen sich auf und wir sind in einem außerordentlich sensiblen Zustand, denn in jedem Moment könnte sich etwas verändern oder passieren. Deshalb brauchen wir alle Informationen, die wir kriegen können, um die richtige Entscheidung zu treffen.

Diese Kampf-oder-Flucht-Reaktion ist also ein sehr wichtiger angeborener Mechanismus, durch den wir mit lebensbedrohlichen Situationen umgehen können. Denn wir müssen überleben, um Kinder zu bekommen, unsere Gene weiterzugeben und unsere Unversehrtheit als Körper und Lebewesen zu erhalten. Wir tragen diese Kampf-oder-Flucht-Reaktion ständig in uns, und das, obwohl wir heute nur noch sehr selten in einer wirklich lebensbedrohlichen Situation sind. Dennoch reagieren wir auf unsere Umwelt, in der Familie und bei der Arbeit oft so, als wäre unser Leben bedroht. Dabei ist in Wirklichkeit eher unser Ego bedroht. Meistens gehen wir auf zweierlei Weise damit um: Entweder wir fühlen uns bedroht, was zu Ärger und Wut und damit zur Kampf-Reaktion führt, oder wir sind niedergeschlagen, ziehen uns zurück und flüchten, was gleichzeitig zu einem „Ausschalten" aller anderen Systeme führt. Keine dieser beiden Strategien ist in unserer heutigen Welt sehr nützlich.

Deshalb machen wir die Unterscheidung, ob wir auf Stress *reagieren* oder darauf *antworten.* Eine Reaktion besteht zum großen Teil aus diesem reflexartigen Kampf-oder-Flucht-Verhalten, das uns anspannt und uns in den Autopilot-Modus versetzt. Eine Antwort kann das gleiche Maß an

Reaktionsfähigkeit umfassen, doch wenn wir der Situation mit Achtsamkeit begegnen, eröffnen sich uns viel mehr Möglichkeiten. Wir können abwägen, ob wir weglaufen oder kämpfen, weinen oder wütend werden. Aber vielleicht finden wir auch einen mittleren Weg, um uns durch unsere eigenen Gefühle zu navigieren, sodass wir an einen Ort kommen, an dem wir mit der Herausforderung oder Bedrohung erfolgreich umgehen können. Dann wird es uns auch nicht passieren, dass wir gleich an die Decke gehen, weil wir uns gestört fühlen, wenn uns jemand eine harmlose Frage stellt.

Wir fangen an zu beobachten, wie sich unser Handeln auf andere auswirkt. Denn oft handeln wir, wenn wir Stress haben, aus dem Autopilot-Modus, verletzen andere, finden nicht die richtigen Worte oder treffen eine falsche Entscheidung. Wir sehen die Konsequenzen unseres Handelns und erkennen, dass wir durch das Verweilen im gegenwärtigen Moment, selbst in sehr schwierigen Situationen, ganz anders antworten können.

Meditation in schwierigen Situationen

Es ist wichtig, Meditation auch in den schwierigsten Situationen zu praktizieren, die wir als Menschen erfahren. Können wir angesichts von Stress in unserer Mitte bleiben, statt dichtzumachen und zu reagieren? Können wir uns diesem Stress öffnen, ihn einladen und mit ihm auf tausendfache Weise tanzen?

Es geht darum, unserer inneren Weisheit und Vorstellungskraft zu vertrauen, um herauszufinden, was wir genau in diesem Moment tun können. Denn für besonders stressige Situationen gibt es keine einfachen, vorgegebenen Lösungen. Solche Situationen können eine Vielzahl von Problemen hervorrufen, und es ist nicht möglich, eine Antwort auf alle Probleme des Lebens zu finden. Darum geht es aber auch gar nicht immer. Es geht vielmehr darum, eine Seinsweise zu finden, die es uns erlaubt, uns gegenüber dem, was im Moment geschieht, angemessen zu verhalten.

„Wenn Ihr Leben von einer bestimmten Entscheidung abhinge, hätten Sie dann gern 10, 20, 50 oder 100 Prozent Ihrer Aufmerksamkeit dafür zu Verfügung?“ Auf diese Frage antwortet jeder, dass er gern 100 Prozent seiner Aufmerksamkeit für so eine Entscheidung zur Verfügung hätte. Wir sind in diesem Programm nun schon etwas fortgeschritten und können uns daher die Frage stellen, wann wir überhaupt je 100 Prozent Aufmerksamkeit zur Verfügung haben.

Die Praxis der Meditation besteht darin, unsere Aufmerksamkeit zu sammeln, sodass wir in jedem Moment unseres Lebens präsenter sind. Wir sehen, dass dies in stressigen Situationen umso wichtiger wird, wenn wir uns nicht ständig in den Kreisen der Reaktivität um uns selbst drehen wollen. Denn das wird schließlich dazu führen, dass wir auf die eine oder andere Weise unsere Gesundheit ruinieren.

Viele Menschen versuchen in stressigen Situationen verzweifelt, die Kontrolle zu gewinnen. Da wir die äußeren Umstände aber oft nicht kontrollieren können, versuchen wir unser Inneres zu kontrollieren. Wie? Zum Beispiel durch Alkohol, Zigaretten, Medikamente, zu viel Essen oder Arbeit – durch irgendetwas, das uns für einen Moment ein Gefühl der Kontrolle gibt. Doch dies sind „maladaptive Verhaltensmuster“, unangemessene Bewältigungsstrategien, die nur kurzfristig Entlastung bringen. Auf längere Sicht führen sie zu noch mehr Stress für den Körper.

All diese Verhaltensmechanismen verstärken nur das Problem. Wir drehen uns im Kreis und graben ein immer tieferes Loch. Irgendwann wird es eskalieren, wie auch immer das im Einzelnen aussehen mag. Falls eine genetische Veranlagung für Krebs vorliegt, kann es sein, dass die Krankheit zum Ausbruch kommt. Falls eine Veranlagung für eine Herzerkrankung besteht und eine fettreiche Ernährung hinzukommt, kann dies zu einem Herzinfarkt führen. Oder es kommt zu einem Burnout oder einem Nervenzusammenbruch, welche schlicht ein Ausdruck der Unfähigkeit sind, mit der Situation umzugehen. Und das, weil wir uns immer nur im Kreis drehen und es scheinbar kein Entrinnen gibt.

Achtsamkeit sagt uns, dass der einzige Ausweg der Weg mitten hindurch ist. Deshalb flüchten wir nicht aus diesen Situationen oder versuchen uns abzulenken, sondern wir begeben uns direkt in sie hinein, und zwar mit möglichst 100 Prozent Aufmerksamkeit, oder auch 90 oder 80 – wie viel auch immer wir aufbringen können. Wir bleiben in diesem Moment in unserer eigenen Mitte und erweitern das Feld des Gewahrseins. So wie wir es geübt haben, als wir die Aufmerksamkeit von der Beobachtung des Atems auf den ganzen atmenden Körper ausgedehnt haben.

Durch unsere Aufmerksamkeit können wir alles miteinbeziehen, was diese Situation umfasst. Dabei müssen wir nicht genau wissen, was als Nächstes geschieht. Wie in der Meditation versuchen wir nicht, irgendwo hinzukommen, sondern wir sind einfach präsent, in der Mitte eines Sturms und inmitten der Turbulenzen einer stressigen Situation.

Indem wir unserer eigenen Intuition vertrauen, werden wir entdecken, dass es Tausende von Öffnungen gibt, die wir nun wahrnehmen und durch die wir hindurchgehen können. Und wenn es keine Öffnung gibt, dann bleiben wir einfach dort, wo wir sind, und tun gar nichts – bis sich etwas zeigt. Es ist völlig in Ordnung, wenn das etwas Zeit braucht. Paradoxerweise ist dies auch die beste Möglichkeit, um mit uns selbst freundlich umzugehen. Wir können anerkennen, dass wir es vielleicht nicht richtig machen werden, dass wir scheitern können, dass wir möglicherweise Fehler machen, dass wir nicht wissen, was wir tun sollen. Es ist völlig in Ordnung, nicht zu wissen, was wir tun sollen. Die Öffnung besteht darin, dass wir wissen, wo wir sind, und wissen, dass wir damit umgehen können.

Wir können zwar die Außenwelt nicht kontrollieren, in der es vielleicht ein Erdbeben, Hochwasser oder einen Wirbelsturm gibt – es gibt auch ohne menschliches Zutun schon so viel Chaos und Unordnung in der Welt. Hinzu kommt noch all das, was wir Menschen einander antun, um irgendwie mit unserem Stress und unseren Schwierigkeiten zurechtzukommen. Dazu gehören auch wirtschaftlicher, sozialer und familiärer Stress – die Liste ist endlos. Angesichts all dessen können wir aber Ja zur ganzen Katastrophe sagen: Ja, ich kann damit umgehen. Und weil wir ein

Teil der Welt, in ihr eingebettet und mit ihr verbunden sind, wird sich, wenn wir uns selbst verändern, auch die Welt verändern. Dann eröffnen sich neue Möglichkeiten. Dann können wir ja zu Veränderungen und zum Unvorhersehbaren sagen, wir können jeden Moment bejahen, einfach, weil es der nächste Moment ist. So wird es eine Gelegenheit, um damit zu arbeiten.

Dazu müssen wir das, was geschieht, nicht mögen. Niemand mag Schmerzen. Niemand sieht gern Eltern, die überfordert sind. Niemand sieht gern ein Kind leiden. Niemand möchte respektlos behandelt werden. Aber diese Dinge geschehen, die Frage ist nur, wie wir damit umgehen: Werden wir *reagieren* und von unseren Reaktionen überwältigt sein, so dass sie unseren Geist vernebeln? Oder werden wir mit Energie, mit Vorstellungskraft und mit Klarheit *antworten?*

Die Reise

Ich möchte ein Gedicht von Mary Oliver zitieren, eine zeitgenössische Dichterin, die über diesen Moment schreibt, den Moment, in dem man eine Entscheidung trifft und handelt – ohne zu wissen, wie die Folgen dieses Handelns aussehen werden. Aber man weiß, dass man handeln muss, weil man etwas Bedeutsames erkannt hat. Das Gedicht heißt:

Die Reise

Eines Tages wusstest du endlich,
was zu tun war, und hast begonnen,
obwohl die Stimmen um dich herum
dir weiter ihren schlechten Rat zuriefen –
obwohl das ganze Haus
zu zittern begann

und du wieder spürtest,
wie etwas an deinen Knöcheln zog.
„Mach mein Leben besser!“,
riefen sie alle.
Aber du bist nicht stehen geblieben.
Du wusstest, was du zu tun hattest,
obwohl der Wind
mit seinen steifen Fingern
an den tiefsten Fundamenten rüttelte,
obwohl ihre Trauer so schrecklich war.
Es war schon spät genug,
und eine stürmische Nacht,
und der Weg war voll von herabgefallenen
Zweigen und Steinen.
Aber Schritt für Schritt,
während du ihre Stimmen hinter dir ließest,
begannen die Sterne
durch die Wolkendecke zu glühen,
und da war eine neue Stimme,
die du langsam
als deine eigene erkanntest,
die bei dir blieb,
als du tiefer und tiefer
in die Welt gingst,
dazu bestimmt,
das Einzige zu tun, was du tun konntest –
dazu bestimmt,
das einzige Leben zu retten, das du retten konntest.

Können Sie den großen Mut spüren, den es braucht, um zu handeln, wenn alles an Ihnen zieht, um zu verhindern, dass Sie sich verändern? „Oh, tu das nicht! Geh dieses Risiko nicht ein! Wer weiß, was passiert, wenn …"

Oft opfern wir unseren eigenen Weg und leiden unser ganzes Leben darunter, dass wir nicht auf den Ruf unseres Herzens hören. „Eines Tages wusstest du endlich, was zu tun war …"

Wann wird dieser Tag kommen? Was ist Ihre Berufung auf diesem Planeten? Was ist für Sie zu tun? Wie können Sie Ihr Leben zum Ausdruck bringen? Wie können Sie auf die Dinge einwirken, die in Ihrem Einflussbereich liegen? Welche Dinge sind für Sie bestimmt, um die „ganze Katastrophe" anzunehmen und Ihr Leben vollkommen zu leben? Um tiefer und tiefer in die Welt zu gehen, „dazu bestimmt, das Einzige zu tun, was du tun konntest – dazu bestimmt, das einzige Leben zu retten, das du retten konntest." Wir können uns fragen, was das für uns bedeutet: „das einzige Leben zu retten, das du retten konntest".

So können alle Situationen, die uns gegeben werden, zu Einladungen und Gelegenheiten werden. Was vorher wie eine Bedrohung erschien, kann jetzt vielleicht eine Herausforderung sein. Eine Einladung, um tief in die Frage einzudringen, was unsere Berufung ist. Wir können lernen und wachsen, um die Situationen zu nutzen, um uns selbst zu entwickeln. Das gilt selbst für die schmerzvollsten Erfahrungen. Oft verwende ich das folgende Bild: Der Stress in der Welt oder in uns ist wie der Wind. Wenn ein Wirbelsturm wütet und wir mit einem Segelboot auf hoher See sind, dann müssen wir wissen, wie wir den Wind nutzen können, um an unser Ziel zu kommen. Wir müssen den Wind beobachten und die Veränderungen des Windes deuten und verstehen können. Und manchmal, wenn der Wind zu stark wird, müssen wir auch den Anker werfen und die Segel einholen. In diesem Fall können wir einfach innehalten und warten.

Die Weisheit des Wartens

Warten können. Sein können. Um mit all den Dingen, die in unserem Leben geschehen, umgehen zu können, ist es sehr wichtig, dass wir innehalten, warten und einfach nur sein können. Denn wenn in dem Moment, in dem wir zum Handeln aufgefordert sind, unser Instrument nicht gestimmt ist, werden die Dissonanzen überwiegen. Diese Dissonanzen werden sich in der Art und Weise zeigen, wie wir Probleme sehen und wie wir Dinge wahrnehmen. Sie zeigen sich in unseren Impulsen und Ängsten und dadurch, wie sie uns zum Handeln oder Nicht-Handeln bewegen. Durch diese Dissonanzen können sich Probleme noch vergrößern. Bleiben wir hingegen wirklich im gegenwärtigen Moment, können selbst sehr schmerzvolle und stressige Situationen zu einer bestimmten Art von Entfaltung führen. Denn dieser Prozess hält nicht nur tiefen Schmerz für uns bereit, sondern ebenso die Möglichkeit,Wesentliches zu lernen, zu wachsen und mehr Weisheit, Verstehen, Großzügigkeit und Mitgefühl zu gewinnen. Mitgefühl für andere, aber – was vielleicht noch wichtiger ist –, auch Mitgefühl für uns selbst. Eine tiefe Akzeptanz unserer selbst und unseres eigenen Lebens.

Dies ist eine Praxis, die in jedem Atemzug als Möglichkeit enthalten ist. Wenn Sie das nächste Mal in irgendeiner Weise gestresst sind, können Sie diese Praxis ausprobieren, in sie hineinatmen und sie als eine Einladung sehen: Das ist meine neue Übung zur Stressbewältigung.

Was immer es ist, es ist eine Gelegenheit, unsere Meditationspraxis mitten in den Alltag zu bringen und zu sehen, was die Folge sein wird. Wir können beispielsweise versuchen, die üblichen Automatismen loszulassen und in dieser Situation, in diesem Moment zu antworten, statt zu reagieren. Und im nächsten Moment? Wir wissen nicht, was auf uns zukommt, aber auch im kommenden Moment können wir präsent sein und wiederum darauf antworten.

Im Hindurchfließen durch die Momente üben wir uns ständig im Antworten, und wir beobachten, wie sich dadurch unsere Probleme verändern. Denn viele unserer Schwierigkeiten sind selbst geschaffen oder werden durch unsere achtlosen Reaktionen noch verstärkt. Selbst wenn wir uns in sehr schwierigen Umständen befinden, die nicht einfach so verschwinden werden, können wir darauf vertrauen, dass wir jeden Moment so nehmen, wie er kommt. Und wir werden diesem Problem so authentisch wie möglich und mit so viel Mitgefühl und Fürsorge wie möglich begegnen. In angemessener Weise werden wir so auf die Entfaltung unseres Lebens antworten. Wir müssen nicht alles in einem Augenblick lösen, und wir müssen nicht unbedingt diejenigen sein, die es lösen.

Ein wunderbares Gedicht von Rumi beginnt mit den folgenden Worten:

„Heute wie jeden Tag
Erwachen wir leer und ängstlich …“

Haben Sie den Eindruck, dass er die Wahrheit sagt? Er sagt nicht: „Heute wie jeden Tag erwachen wir und fühlen uns wunderbar …“ Es ist Teil des Menschseins, dass wir oft – Rumi sagt jeden Tag – leer und ängstlich aufwachen.

Heute wie jeden Tag
Erwachen wir leer und ängstlich,
Öffne nicht die Tür zum Studierzimmer
Und beginne zu lesen.
Nimm stattdessen ein Instrument
Und lass die geliebte Schönheit
Dein Tun sein.
Es gibt hundertfache Wege,
Niederzuknien und die Erde zu küssen.

„Heute wie jeden Tag erwachen wir leer und ängstlich. Öffne nicht die Tür zum Studierzimmer und beginne zu lesen.“ Gib deinem Verstand nicht noch mehr Stoff zum Nachdenken. „Nimm stattdessen ein Instrument …“ Ein wundervolles Instrument, das mir einfällt, ist unser Körper. „Nimm stattdessen ein Instrument und lass die geliebte Schönheit dein Tun sein. Es gibt hundertfache Wege, niederzuknien und die Erde zu küssen." Es gibt hundertfache Wege, um dem gegenwärtigen Moment zu begegnen. Es gibt hundertfache Wege, um dem Stress in unserem Leben zu begegnen. Es gibt hundertfache Wege, jeder unserer Wahrnehmungen zu begegnen.

Meditation besteht darin, dass Sie Ihren Weg finden, Ihren Weg in diesem Moment. Dann können Sie diese Momente wie Perlen auf einer Kette aufreihen und betrachten, wie sie sich im Laufe der Tage, Wochen und Monate verändern.

10 Die Verbindung von Geist und Körper

Wie sich die eigene Einstellung auf die Gesundheit auswirkt

In der Medizin wird zunehmend die Erkenntnis akzeptiert, dass unsere Gedanken, unsere Gefühle und unsere Reaktionen auf Ereignisse eine starke Wirkung auf unsere Gesundheit haben. Das Gleiche gilt für die Verhaltensmuster, die wir im Laufe unseres Lebens entwickeln und die unseren Lebensstil oder unsere Lebensentscheidungen bestimmen. Es gibt immer mehr Hinweise darauf, dass diese Prägungen nicht nur den Verlauf eines Krankheitsprozesses beeinflussen, sondern auch Krankheiten vorbeugen können.

Es ist interessant, einige dieser Forschungsergebnisse etwas genauer zu betrachten, denn so können wir verstehen, wie Geist und Körper miteinander verbunden sind. Ich glaube, dies ist eine Erkenntnis, die so alt ist wie die Medizin selbst. Schon Hippokrates scheint Kranke so behandelt zu haben, als wären Körper und Geist eins. In der modernen Medizin haben die technischen Möglichkeiten jedoch dazu geführt, dass man die Selbstheilungskräfte der Patienten, durch die sie ihre eigene Gesundheit und ihr Wohlbefinden beeinflussen könnten, oft vergisst.

Eine Forschungsstudie von Redford Williams und seinen Kollegen am Duke University Medical Center kommt zu dem Schluss, dass unsere innere Einstellung unsere Gesundheit signifikant beeinflussen kann. Diese Studie ist Teil einer umfassenderen Forschungsarbeit, die Williams und viele Wissenschaftler in den USA und der ganzen Welt durchgeführt haben, um das sogenannte Typ A-Verhalten zu untersuchen. Dieses Typ A-Verhalten wurde mit Herzerkrankungen in Verbindung gebracht. Williams fand heraus, dass zu diesem Typ A-Verhalten auch Verhaltensweisen wie Feindseligkeit und Zynismus gehören und nicht nur die bisher beschriebenen Merkmale wie Zeitmangel und Konkurrenzdenken.

Die Forscher gaben Medizinstudenten im vierten Studienjahr einen bestimmten Test, der Bestandteil eines umfassenderen psychologischen Tests namens MMPI (Minnesota Multiphasic Personality Inventory) ist. Der Teil des Tests, der an die etwa 25-jährigen Medizinstudenten verteilt wurde, erfasste den Grad von Feindseligkeit und Zynismus einer Person. 25 Jahre später wurden die Befragten erneut untersucht. Dabei wurde zunächst festgestellt, ob sie überhaupt noch lebten, und wenn ja, wie sich ihre Gesundheit entwickelt hatte und an welchen Erkrankungen sie litten. Auch ihr Grad an Feindseligkeit und Zynismus wurde wieder untersucht. Die Testpersonen wurden dabei entsprechend ihrer Punktzahl in der Kategorie Feindseligkeit aufgeteilt. Gleichzeitig wurde darauf geachtet, dass alle anderen Parameter wie beispielsweise Zigarettenkonsum etwa gleich waren. Die Forscher fanden heraus, dass diejenigen, bei denen in Puncto Feindseligkeit ein hoher Wert zu verzeichnen war, sieben Mal schneller verstarben als die Menschen, die diesbezüglich einen niedrigen Wert aufwiesen.

Dies ist ein sehr aussagekräftiges Ergebnis, das darauf hindeutet, dass unsere Beziehung zur Welt auf uns zurückwirkt. Eine innere Einstellung, die unser Verhältnis zur Welt beeinflusst, kann langfristig auch unsere Gesundheit beeinflussen. Bei den Testpersonen, bei denen ein hoher Grad an Feindseligkeit gemessen wurde, wurden nicht nur Sterbefälle durch Herzerkrankungen festgestellt, sondern auch durch verschiedene andere Ursachen.

Eine weitere aussagekräftige Studie wurde von Ellen Langer und Judith Roden in einem Altenheim durchgeführt. Dabei ging es um die Frage, wie viel Kontrolle die Menschen in so einer Einrichtung über ihr Leben und ihr Schicksal haben und ob dies ihre Lebensqualität und ihre Gesundheit beeinflusst. Die Forscherinnen gaben jedem Bewohner des Altenheims eine Topfpflanze und teilten die Bewohner in zwei Gruppen auf. Den Personen in der einen Gruppe sagten sie, dass diese Pflanze für ihr Zimmer sei. Ob die Pflanze überlebe oder verwelke, hänge von ihnen ab. Der anderen Gruppe wurde gesagt, dass sie diese Pflanze in ihr Zimmer bekommen würden, sich aber nicht darum kümmern müssten, da das Personal des Altenheims sie gießen und pflegen würde.

Etwa anderthalb Jahre später kamen die Forscherinnen wieder und untersuchten, wie viele Bewohner in den beiden Gruppen verstorben waren. Auch hier wurde darauf geachtet, dass bei allen anderen Aspekten möglichst gleiche Bedingungen vorlagen, sodass sie sich nur durch den Satz, mit dem ihnen die Pflanze übergeben worden war, unterschieden. Es stellte sich heraus, dass die Bewohner mit einer Pflanze, um die sie sich nicht zu kümmern brauchten, in der Anzahl verstorben waren, wie es in diesem Altenheim üblich war. Die Bewohner, denen gesagt worden war, dass sie sich selbst um die Pflanze kümmern müssten, lebten hingegen durchschnittlich 18 Monate länger als erwartet. Die Forscherinnen interpretierten dieses Ergebnis folgendermaßen: Wenn man Menschen die Kontrolle für etwas in ihrem Leben überträgt, selbst wenn es etwas so Simples wie eine Topfpflanze ist, wird zu einem gewissen Grad ihre Langlebigkeit beeinflusst.

Ein Gefühl von Verbundenheit

Wir können dieses Forschungsergebnis auch anders interpretieren und sagen, dass es nicht unbedingt nur um Kontrolle geht, sondern auch um ein Gefühl von Verbundenheit. Die Bewohner des Altenheims hatten plötzlich eine sinnstiftende Beziehung zu der Pflanze, um die sie sich kümmern mussten. Wenn man sich in einer isolierten Situation befindet, kann dies eine sehr bedeutsame Erfahrung sein. Besagte Studie weist auch darauf hin, dass psychische Kontrolle im Sinne von Zugehörigkeit, Sinnhaftigkeit oder Verbundenheit beeinflussen könnte, wie lange wir in solch einer Situation leben.

Eine weitere sehr interessante Studie wurde 1989 am Stanford Medical Center von David Spiegel und Kollegen veröffentlicht. In den frühen achtziger Jahren hatten sie mit Frauen gearbeitet, die an Brustkrebs der Stufe 4 erkrankt waren, was bedeutet, dass sich schon Metastasen gebildet hatten. Sie hatten versucht, eine psychologische Intervention zu entwickeln, die den Betroffenen helfen sollte, mit den Nebenwirkungen und Schwierigkeiten der Chemotherapie und Bestrahlung besser umgehen zu können. Ziel dieser Intervention war, den Patientinnen bei der Konfrontation mit einer lebensbedrohlichen Krankheit zu helfen. Die Hypothese der Forscher lautete, dass eine gruppentherapeutische Methode Erfolg haben könnte, die zwischenmenschliche Unterstützung fördern würde. Die betroffenen Frauen sollten bei dem, was sie durch die Krankheit auch in emotionaler Hinsicht durchmachten, begleitet werden, was, so die Annahme, auch ihre Lebensqualität verbessern würde. Zusätzlich wurden auch noch Entspannungstechniken und Selbsthypnose unterrichtet, um mit dem Schmerz und den Problemen, die mit der Chemotherapie und der Bestrahlung verbunden sind, besser umgehen zu können.

Einige Jahre später entschloss sich David Spiegel, auf die Studie noch einmal zurückzukommen und das Leben der Frauen zu untersuchen. Er fand heraus, dass die Frauen, die sich einmal in der Woche getroffen hatten, um über ihre Gefühle zu sprechen und sich gegenseitig zu unterstützen, die

Krankheit im Durchschnitt doppelt so lange überlebt hatten wie diejenigen, die nur die herkömmliche medizinische Behandlung erhalten hatten.

Diese Studie war extrem gut angelegt und viele Menschen haben sich dafür begeistert, dass etwas, das mit dem Bereich des Geistes und der Gefühle zu tun hat, offensichtlich nicht nur die Lebensqualität beeinflusst, sondern auch die Langlebigkeit – also das Fortschreiten einer Krankheit, die sich ohnehin schon in einem fortgeschrittenen Stadium befindet.

David Spiegel selbst konnte das Ergebnis zunächst kaum glauben. Heute versucht er, ebenso wie viele andere Wissenschaftler im ganzen Land, diese Studie in anderen Bereichen zu wiederholen. Die Ergebnisse der ersten Studie sind deshalb so spannend, weil sie nahelegen, dass der Verlauf einer Krankheit – und was meines Erachtens noch wichtiger ist, die Lebensqualität des noch verbleibenden Lebens – beeinflusst werden kann, indem wir dem Bereich des Geistes, des Körpers und der Gefühle Aufmerksamkeit schenken.

Vor Kurzem wurde eine weitere Studie vom UCLA Medical Center veröffentlicht, in der Personen mit einem malignen Melanom, die eine psychologische Intervention durchlaufen hatten, sieben Jahre danach untersucht wurden. Die Intervention dieser Patienten war wesentlich kürzer gewesen als die in der Spiegel-Studie, sie dauerte insgesamt nur neun Stunden, sechs Sitzungen à anderthalb Stunden. In diesen Sitzungen hatten die Patienten etwas über den Zusammenhang von Sonneneinwirkung und der Entwicklung von Melanomen gelernt sowie einige Entspannungsübungen und Bewältigungsstrategien vermittelt bekommen. Auch hier stellte sich heraus, dass die Patienten der Kontrollgruppe nach sieben Jahren in der erwarteten Anzahl verstorben waren. Die Menschen in der Gruppe, die diese Intervention durchlaufen hatte, lebten hingegen länger. Dies ist eine weitere Bestätigung der Erkenntnis, dass etwas, das wir mit dem Geist und dem Körper tun, eine Wirkung auf die Dauer und die Qualität unseres Lebens haben kann – selbst dann, wenn man an einer so schweren Krankheit wie einem malignen Melanom leidet.

Die Arbeit von Dr. Dean Ornish

Viele Menschen kennen die Arbeit des Kardiologen Dean Ornish, Direktor des Forschungsinstituts für Präventivmedizin in Sausalito, Kalifornien. Ornish hat eine bemerkenswerte und sehr gut dokumentierte Studie mit Menschen durchgeführt, die an einer koronaren Herzkrankheit leiden. Dafür durchliefen die Patienten ein einjähriges Programm mit Yoga, Meditation und einer sehr fettarmen vegetarischen Ernährung. Nach dem Programm konnte Ornish mithilfe von Koronarangiografien, PET-Scans und anderen hochentwickelten Untersuchungsmethoden einen Rückgang der Verengung der Herzkranzgefäße und eine signifikante Besserung der Erkrankung nachweisen. Bei der Kontrollgruppe fand man hingegen ein Fortschreiten der Krankheit. Diese Gruppe war den üblichen Empfehlungen der Ärzte gefolgt, das heißt, sie hatte sich zwar fettarm ernährt, aber nicht so strikt wie die Testgruppe, die nicht mehr als acht Prozent Fett pro Tag zu sich nehmen durfte.

Diese Studie ist also ein weiterer Hinweis darauf, dass eine Behandlung, die Körper und Geist berücksichtigt, den Verlauf einer Krankheit beeinflussen kann. In diesem Fall nicht Krebs, sondern die koronare Herzkrankheit. Dr. Ornish konnte in der Folge dieser Studie weitere Daten sammeln. Sechs Jahre nach der ersten Untersuchung stellte er fest, dass bei denjenigen, die weiterhin täglich meditierten, Yoga übten und die fettarme Ernährung beibehielten, ein weiterer Rückgang der Erkrankung zu verzeichnen war. Dabei wurden keine Medikamente eingesetzt.

Solche Ergebnisse sind ein Beleg dafür, dass wir als Einzelne die Anfälligkeit für eine Krankheit und deren Verlauf beeinflussen können und sie zeigen auch, wie wichtig Prävention ist, denn bei vielen Menschen beginnt die Entwicklung einer koronaren Herzkrankheit schon in jungen Jahren.

Es gibt eine Reihe weiterer Studien, die belegen, dass allein die Anzahl unserer sozialen Kontakte unsere Langlebigkeit beeinflussen kann. Menschen, die Teil einer Kirchengemeinde sind, enge familiäre Bindungen haben oder die in irgendeiner Weise in die Gesellschaft eingebettet sind, sterben im Durchschnitt später als solche, die isoliert leben und nicht viele verlässliche soziale Kontakte haben. Sozialkontakte sind also ebenfalls wichtig für die Langlebigkeit, die Gesundheit im Allgemeinen und für den Verlauf einer Krankheit.

In unseren eigenen Untersuchungen an der Universität von Massachusetts interessiert uns vor allem die Schnittstelle zwischen uns selbst und der Welt. Es gibt eine Qualität, die als psychische Widerstandsfähigkeit oder Resilienz bezeichnet wird. Suzanne C. Kobasa hat diese Eigenschaft über viele Jahre hinweg untersucht. Ihre Forschungen deuten darauf hin, dass Menschen, die in ihrem Leben ein Gefühl von Kontrolle und Stabilität haben, die mit den Erfahrungen des Alltags positiv umgehen und Hindernisse als Herausforderungen annehmen, eine gewisse psychische Widerstandsfähigkeit aufweisen. Diese Widerstandsfähigkeit bestehend aus Stabilität, Entschlossenheit und der Lust auf Herausforderungen wirkt in stressigen Situationen als Puffer. In ihrer Forschungsarbeit hat Kobasa Rechtsanwälte, Busfahrer und viele andere Berufsgruppen untersucht. Menschen, die über viel psychische Widerstandsfähigkeit verfügten, wurden im Durchschnitt seltener krank, fehlten seltener am Arbeitsplatz und waren insgesamt gesünder.

Aaron Antonovsky, ein amerikanisch-israelischer Medizinsoziologe prägte im Zusammenhang mit seinen Untersuchungen von Menschen, die die Konzentrationslager der Nazis überlebt hatten, den Begriff Kohärenzsinn (*sense of coherence*), der aus drei Aspekten besteht: Sinnhaftigkeit, Verstehbarkeit und Bewältigbarkeit: Fühlen wir uns in der Lage, Dinge in unserem Leben zu *bewältigen*, auch wenn sie nicht vorhersehbar sind? Können wir sie *verstehen*, auch wenn es schwerfällt, sie nachzuvollziehen? Können wir einer Situation, die scheinbar sinnlos ist, *einen Sinn geben*, wie beispielsweise schrecklichen Ereignissen, Naturkatastrophen, Krankheit und Tod? Können wir einen Sinn im Leben finden?

Auch hier wurde festgestellt, dass die Menschen, die über einen ausgeprägten Kohärenzsinn verfügen, sich besser von traumatischen Erfahrungen erholen und ihr Leben sinnvoller gestalten können.

Sich zu einem Leben in Achtsamkeit entschließen

In unserer eigenen Arbeit haben wir die Erfassung des Kohärenzsinns und der psychischen Widerstandsfähigkeit genutzt, um zu untersuchen, was bei den Patienten geschieht, die in der Klinik für Stressbewältigung während des achtwöchigen Trainings Meditation und Achtsamkeit üben. Normalerweise würde man nicht erwarten, dass sich bei Erwachsenen die psychische Widerstandsfähigkeit oder der Kohärenzsinn verändert, weil es sich dabei um unsere Grundeinstellung zum Leben handelt. Sie bleiben für gewöhnlich gleich, es sei denn, etwas Tiefgreifendes geschieht.

Wir wollten herausfinden, ob sich diese beiden Parameter bei den Teilnehmern des Programms veränderten, denn wir konnten bei ihnen deutliche psychische Wandlungen in ihrer Lebenseinstellung und Veränderungen ihres Gesundheitszustandes wahrnehmen. In unseren Untersuchungen stellten wir fest, dass in der Tat bei den Personen, die das Programm zur Stressbewältigung absolviert hatten, eine bedeutsame Zunahme von psychischer Widerstandsfähigkeit und eine Steigerung des Kohärenzsinnes nachweisbar war. Das ist ein Hinweis darauf, dass in diesen acht Wochen, in denen die Patienten einmal in der Woche in die Klinik kommen, Meditation üben, sich mit anderen über ihre Erfahrungen austauschen und voneinander lernen, tatsächlich etwas Wesentliches geschieht. Dieser Prozess beeinflusst nicht nur ihre Beziehung zu sich selbst, ihrem eigenen Geist und Körper, sondern auch ihre Beziehung zur Welt, die Grenze zwischen dem Selbst und anderen und dem Selbst und der Welt.

Im Rahmen unserer Untersuchungen testeten wir die Personen drei Jahre später noch einmal und stellten fest, dass ihre Resilienz und ihr Kohärenzsinn weiterhin stark ausgeprägt waren. Man kann also vermuten, dass die Erfahrungen in der Klinik für Stressbewältigung ein Wendepunkt in ihrem Leben gewesen sind und einen mehr oder weniger langfristigen Einfluss auf ihr Verhältnis zur Welt haben. Dies hat tief greifende Implikationen für ihre Gesundheit, die wir im Laufe der Zeit weiterhin untersuchen werden. Viele dieser Studien, die ich angeführt habe – und viele weitere, die hier nicht erwähnt wurden –, deuten darauf hin, dass es verschiedene psychologische Variablen gibt, die damit zu tun haben, wie wir die Welt sehen und in ihr handeln. Diese Variablen können unseren Gesundheitszustand und unser Wohlbefinden zutiefst beeinflussen. Derartige Erkenntnisse sind nicht deshalb so wichtig, weil wir vielleicht ein paar Jahre länger leben, sondern weil sie eine enorme Wirkung auf unsere Lebensqualität, auf unser inneres Wohlbefinden, auf unser Gefühl von Glück, auf unser Empfinden von Verbundenheit und auf unsere körperliche Gesundheit haben können. Die Voraussetzung dafür ist, dass wir uns mit dem Tiefsten in unserem eigenen Wesen verbinden.

Diese Forschungsergebnisse zeigen also, dass es wirklich sinnvoll ist, dass wir uns zu einem Lebensstil der Bewusstheit und der Achtsamkeit entschließen, solange wir noch bei guter Gesundheit sind. Dazu gehört auch, dass wir uns gesund ernähren, sportlich aktiv sind und uns um unsere Beziehungen mit anderen Menschen und mit der Welt kümmern. Wir pflegen Nähe und Verbundenheit und behandeln andere Menschen respektvoll, statt ihnen mit unkontrollierter Feindseligkeit und Zynismus zu begegnen. Oft werden wir feindselig und zynisch, wenn es in Beziehungen um Macht geht oder wir am Arbeitsplatz Probleme haben.

Verantwortung für den eigenen Lebensstil übernehmen

Wenn all diese Forschungsergebnisse der psychosomatischen Medizin auf ein neues Medikament zurückzuführen wären, das von einem Pharmaunternehmen produziert würde, dann würde diese Geschichte wahrscheinlich auf den Titelblättern der großen Magazine erscheinen und auf ein enormes Interesse bei vielen Menschen stoßen. Weil aber die Ursache dieser Ergebnisse eine psychologische Intervention ist und auch den Bereich der Gefühle betrifft, ist es sehr schwer, das gleiche Maß an öffentlicher Aufmerksamkeit zu erreichen. Dies wäre jedoch sehr wichtig, denn die Ergebnisse deuten auf ein Potenzial hin, das unsere Beziehung zur Gesundheit und unsere gesamte Gesellschaft transformieren könnte.

Es ist deutlich geworden, dass wir die Verantwortung für unseren Körper und unseren Geist übernehmen müssen, solange wir noch bei guter Gesundheit sind. Wenn wir schon in unseren Zwanzigern, Dreißigern und Vierzigern damit beginnen würden, wäre der Zustand unseres Körpers im Alter weitaus besser. Diese Einsichten sollten in den Schulen gelehrt werden, damit schon kleine Kinder positive Gewohnheiten lernen, die sie ein Leben lang weiterführen können. Das würde die gesamte Gesellschaft auf eine neue Ebene von Gesundheit und Wohlbefinden führen. Und so könnten auch die enormen Kosten vermieden werden, die wir für die Behandlung vieler vermeidbarer Krankheiten ausgeben.

Weit mehr als 50 Prozent der Krankheiten, an denen Menschen in unserer Gesellschaft sterben, sind in der einen oder anderen Weise mit unserem Lebensstil verbunden. Das bedeutet nicht, dass durch die Veränderung unseres Lebensstils der Tod vermeidbar wäre, aber die Wahrscheinlichkeit würde steigen, dass wir viel länger in einer gesunden Verfassung leben könnten. Dann stürben wir sozusagen an unserem Alter, anstatt einen verfrühten Tod durch eine Herzkrankheit oder eine Krebserkrankung zu erleiden, die möglicherweise vermeidbar gewesen wären.

Eines der interessantesten Forschungsergebnisse der letzten 15 Jahre ist die Arbeit über Selbstwirksamkeit von Albert Bandura an der Stanford University. Selbstwirksamkeit oder Selbstwirksamkeitserwartung (*perceived self-efficacy*) ist im Grunde ein wissenschaftlicher Ausdruck für das Maß an Selbstvertrauen, über das ein Mensch verfügt, das Vertrauen in die eigene Fähigkeit, etwas zu bewirken. Egal, ob Bandura Personen untersucht, die an Arthritis, Herzerkrankungen oder Schmerzsymptomen leiden, immer kommt er zum gleichen Ergebnis: Diejenigen, die am besten mit ihrer Situation umgehen, sind diejenigen, die das größte Maß an Vertrauen darein haben, dass sie etwas tun können, um ihr Leben zu verändern.

Diese Forschungsergebnisse implizieren außerdem, dass der eigene Glaube daran, etwas tun zu können, das unser Leben verändert, der beste Prädiktor dafür ist, dass wir es auch tun. Dies gilt auch dann, wenn es darum geht, unsere eigene Gesundheit zu beeinflussen, selbst wenn wir an einer Krankheit leiden, die lebensbedrohlich oder schwer behindernd ist. Das Vertrauen in die eigene Fähigkeit, etwas zu tun, zu wachsen, zu lernen und uns selbst und unser Leben zu verändern, ist unendlich kostbar und hat viele tief greifende Konsequenzen. Die Erforschung der Selbstwirksamkeit deutet zum Beispiel darauf hin, dass wir mit dem Rauchen aufhören können, wenn wir es wollen. Wenn wir schon von vornherein daran zweifeln, brauchen wir sehr viel mehr Hilfe, um dieses Ziel zu erreichen.

Wir haben herausgefunden, dass Menschen, die den Bodyscan, die Sitzmeditation oder Yoga praktizieren, Selbstwirksamkeit entwickeln; ein Vertrauen, das aus der tiefen Verbindung mit dem eigenen Körper erwächst. Wenn wir so auf unseren Körper eingestimmt sind, dann achten wir auf unsere Körperempfindungen, wir spüren, wie sich der Körper anfühlt. Und wir entwickeln gleichzeitig eine Vertrautheit mit unserem Geist. Aus dieser Verbundenheit mit dem Körper und dem Geist entsteht das Vertrauen, in dem wir wissen, was in uns vor sich geht. Wir erkennen eine Angst als das, was sie ist, oder einen Gedanken als das, was er ist. Wir spüren vielleicht eine schmerzhafte Empfindung im Knie, werden aber nicht völlig davon überwältigt, so wie es oft der Fall ist, wenn wir keine Achtsamkeit kultiviert haben.

Wenn Menschen mit der Zeit ihre Meditationspraxis vertiefen, können wir beobachten, dass sich bei ihnen das innere Vertrauen in den eigenen Körper und seine Widerstandsfähigkeit entwickelt. Sie vertrauen ihrem Körper und der Möglichkeit, dass er sich von einer Krankheit oder nach einer Operation oder nach einem Trauma erholen kann. Und sie vertrauen auch auf die Fähigkeit des Geistes, sich zu erholen und das Gleichgewicht wiederherzustellen. Dieses Vertrauen erwächst aus der Meditationspraxis.

Sie sind nicht Ihre Gedanken

Ich habe schon erwähnt, was die Menschen, die unser Programm zur Stressbewältigung durchlaufen haben, auf die Frage antworten, was ihnen in diesem Programm am meisten genützt habe: das Atmen. Viele erwähnen außerdem die Erkenntnis, dass sie nicht ihre Gedanken sind. Wenn wir beginnen, in der Meditation unseren Geist zu beobachten, dann erkennen wir schnell – wie wir es auch in diesem Programm erfahren haben –, dass Gedanken kommen und gehen. Wer weiß, woher sie kommen; sie kommen einfach und gehen wieder. Und mit den Gedanken gehen verschiedene Qualitäten und Gefühle einher.

Sobald wir unsere Gedanken einmal genau betrachten, erkennen wir, dass sie nicht unbedingt richtig sind. Im Gegenteil, meistens liegen wir mit dem, was wir denken, vollkommen falsch. Wir denken alles Mögliche: Ich bin nicht gut genug, ich bin zu dick etc. – unzählige kritische Gedanken, die ständig durch unseren Geist schwirren. Oft glauben wir diesen Gedanken, und wenn wir ihnen glauben, dann werden sie wahr, wie eine sich selbsterfüllende Prophezeiung. Wenn wir beobachten, wie Gedanken im Geist aufsteigen, können wir sie einfach kommen und wieder gehen lassen. Wir beginnen zu verstehen, dass wir nicht unsere Gedanken sind und dass wir nicht alles glauben müssen, was wir denken.

Normalerweise werden wir von unseren Gedanken mitgerissen und durch sie gelenkt. Aber wenn wir sie genau beobachten, dann bemerken wir, dass es nur Gedanken sind und nicht die Wirklichkeit.

Wenn wir einem Gedanken glauben, dann hat er dieselbe Kraft der Überzeugung, die es auch in der Selbstwirksamkeit gibt, in unserem Vertrauen in unsere Fähigkeit, etwas zu bewirken. Aber bei der Identifikation mit negativen Gedanken zieht uns diese Kraft in die entgegengesetzte Richtung und wird uns noch hilfloser machen. Wenn wir nicht daran glauben, dass wir in der Lage sind, etwas zu tun, dann wird es auch nicht geschehen. Wir werden es noch nicht einmal versuchen.

Wenn wir uns selbst als einen hilflosen Herzkranken sehen, werden wir uns so verhalten wie ein hilfloser Herzkranker. Aber wenn wir uns als einen ganzen Menschen sehen, der in einem Bereich einige Schwierigkeiten hat, dann eröffnen sich ganz neue Möglichkeiten. Wenn wir uns selbst als einen Schmerzpatienten sehen, der unter einem chronischen Schmerzsymptom oder unter chronischen Rückenproblemen leidet, dann sehen wir uns selbst in sehr eingeschränkter Weise. Vielleicht haben wir einen Bandscheibenvorfall oder leben mit starken Schmerzen, doch das umfasst nicht alles, was uns als Menschen ausmacht. Wir ziehen uns selbst in die Depression und Hilflosigkeit, wenn wir uns nur mit unserer Krankheit und unserem Schmerz identifizieren.

Was meinen die Menschen, wenn sie sagen, dass sie gelernt haben, dass sie nicht ihre Gedanken, ihre Gefühle oder ihr Krebs sind? Es bedeutet, dass Gedanken und Gefühle oder eine Erkrankung einfach Ereignisse im großen Feld des Lebens sind. Sie kommen und gehen und führen ein Eigenleben. Wenn wir daran haften und wollen, dass sie eine bestimmte Form annehmen, werden wir in ihnen gefangen. Aber wenn wir innehalten und sie wie ein Außenstehender beobachten, dann haben sie nicht mehr die gleiche Macht über uns. So wird etwas viel Tieferes in uns genährt, ein Gefühl dafür, wer wir wirklich sind unter der oberflächlichen Unruhe der Gedanken und Gefühle. Natürlich sind sie ein Teil von uns, aber sie sind nicht der grundlegende Teil von uns. Das ist so, als würde eine Welle behaupten, der Ozean zu sein. Die Welle ist nur eine Welle und in der nächsten Sekunde wird sie nicht mehr da sein; sie kommt und geht.

„Eines Tages wusstest du endlich, was zu tun war, und hast begonnen", wie Mary Oliver es ausdrückt. Aber diese Kraft ist unerreichbar für uns, wenn wir ständig in unseren eigenen Gedanken und Gefühlen gefangen sind, ihnen glauben und uns mit ihnen identifizieren. Dann ist die Lage aussichtslos und wir geben auf.

Viele Menschen im Programm für Stressbewältigung berichten, dass Familienmitglieder oder Arbeitskollegen sie ansprechen: „Irgendetwas ist an dir anders, du hast dich irgendwie verändert, du regst dich nicht mehr so schnell auf. Was ist passiert?" Und dann antworten sie vielleicht: „Ich weiß nicht, vielleicht liegt es daran, dass ich jeden Tag meditiere."

Menschen, die mehr in ihrer Mitte verankert sind, wirken auf andere natürlicherweise anziehend. Deshalb regt sich bei Familienmitgliedern, Freunden oder Kollegen Interesse und sie fragen nach. Und es ist viel besser, durch das eigene Beispiel anderen Menschen etwas zu vermitteln, als wenn wir versuchen, sie durch Worte zu etwas zu bewegen. Es ist sicher unangemessen, wenn wir anderen Leuten sagen, sie sollten meditieren, weil ihr Leben so chaotisch ist. Es ist besser, wenn wir einfach selbst Meditation üben, sodass die Menschen uns ansprechen können, wenn ihnen etwas auffällt. Dann können wir ihnen irgendeinen Ort empfehlen, an dem sie Meditation lernen können. Oder wir geben ihnen ein Buch oder eine CD, durch die sie mehr über Meditation erfahren können. Einfach aus der Erfahrung, dass Meditation uns geholfen hat, können wir sie weiterempfehlen.

Es ist eine Erfahrung, die wir immer wieder machen: Menschen, die ihre innere Mitte gefunden haben, wirken auf andere anziehend. Niemand weiß genau warum, aber wir sind alle gern mit Menschen zusammen, die in ihrer Umgebung nicht so viel Spannung oder Feindseligkeit erzeugen. Wir fühlen uns in ihrer Gegenwart wohl. Viele unserer Patienten berichten davon, dies am eigenen Leib zu erfahren: Die Menschen in ihrer Umgebung fühlen sich stärker zu ihnen hingezogen und ihr Familienleben wird harmonischer und verständnisvoller.

11 Ganzheit und Einheit

In die Stille eintreten

Nun möchte ich über Ganzheit, Einheit und Verbundenheit sprechen. Ich möchte diese Aspekte vor dem Hintergrund der Meditationspraxis selbst und dem, was wir gelernt haben, als wir uns mit unserer eigenen Erfahrung verbunden haben, betrachten. Wir haben zunächst gesehen, dass es möglich ist, auf eine Weise zu leben, die von dem, was in unserem Leben geschieht, getrennt ist. Dann leben wir in einer Traumwelt, in der wir die Wirklichkeit durch den Schleier unserer eigenen Ideen, Voranahmen und Konzepte sehen. Wenn wir uns hinlegen und den Bodyscan praktizieren, uns zur Meditation hinsetzen, eine Gehmeditation machen oder achtsam essen, kann sich der Schleier lüften. Dann schauen wir etwas tiefer in unser eigenes Wesen und in unsere Beziehungen. Kabīr hat diese Einsicht in zwei Gedichten wunderbar zum Ausdruck gebracht:

Der Strom und seine Wellen sind eins.
Brandung: Wo ist der Unterschied zwischen dem Strom und
seinen Wellen?
Wenn die Welle sich erhebt, ist es das Wasser;
Und wenn sie fällt, ist es wieder dasselbe Wasser.

Mein Herr! Sage mir, wo ist der Unterschied?
Nur weil es Welle genannt wird, soll es nicht länger
für Wasser gehalten werden?
Im Inneren des höchsten Brahma sind die Welten wie Perlenketten:
Schau auf diese Perlen mit den Augen der Weisheit.

Zwischen den Polen des Bewussten und des Unbewussten
schaukelt der Verstand:
Daran hängen alle Wesen und alle Welten und dieses
Schaukeln nimmt kein Ende.
Millionen Wesen sind dort: Die Sonne und der Mond in ihren
Bahnen sind dort:
Millionen Zeitalter zieh'n vorüber und das Schaukeln geht
weiter und weiter.
Alles schaukelt! Der Himmel und die Erde, die Luft und das Wasser;
und der Herr selbst nimmt diese Form an:
Dies zu sehen macht aus Kabīr einen Diener.

Wenn wir uns mit unserem Körper verbinden, in die Stille eintreten und eine gewisse Zeit darin verweilen, können wir etwas Interessantes beobachten. Es entwickelt sich ein tiefes Gefühl der Verbundenheit mit dem Körper, ein Gefühl für unser Hiersein, in dem wir präsent sind. Wir sind vom Geist umhüllt und dieser wiederum durchdringt den Körper. Diese Erfahrung kann sehr hilfreich sein, wenn wir mit stressigen Situationen oder Herausforderungen umgehen müssen. Wir können sogar erfahren, dass der Körper sich in der Stille auflöst. Wir spüren seine Grenze nicht mehr so klar umrissen. Wir fühlen uns nicht nur selbst ganz, sondern als Teil einer größeren Sphäre der Ganzheit.

Es gibt ein wunderbares Modell des Universums aus der buddhistischen Kosmologie, das als *Indras Netz* bekannt ist und die gegenseitige Durchdringung aller Existenzen symbolisiert. Es ist ein Netz, an dessen

Knotenpunkten jeweils ein vollkommenes Juwel sitzt. Jedes Juwel ist eine Widerspiegelung aller anderen Juwelen im Netz, sodass das Ganze in jedem Teil enthalten ist.

Wir erfahren dies auch selbst, obwohl wir nur kurz auf diesem Planeten sind. Es gibt Wege, durch die wir das Ganze in uns aufnehmen können. Wenn wir uns in tiefe Zustände der Stille und des Nicht-Tuns begeben, dann spüren wir diese Verbundenheit, die über unsere kleinen Beschreibungen unseres Selbst und unseres Lebens hinausgeht. Ich glaube, dass diese Stille, dieses Schweigen und das Gefühl der Zugehörigkeit und Verbundenheit, die daraus entstehen, die Quelle für Heilung sind. Es ist diese Zugehörigkeit zu unserem eigenen Körper, durch die wir das Gefühl spüren, in unserem eigenen Körper zu Hause zu sein. Aus der Ruhe und Stille entsteht ein Gleichgewicht, eine Gelassenheit, die wir spüren und die für unser Leben weitreichende Konsequenzen hat. Und wir können es üben: zu Hause zu sein, wo immer wir sind. Zu Hause in unserem eigenen Körper.

Es ist merkwürdig, aber wenn wir älter werden, haben wir oft den Eindruck, immer weniger zu wissen, weil uns das Mysterium des Ganzen tiefer bewegt. Wir sind nicht mehr so sehr von unserem eigenen Denken eingenommen. C. G. Jung formulierte es in *Erinnerungen, Träume, Gedanken* so:

> *Je älter ich wurde, desto weniger verstand oder erkannte oder wusste ich mich. … Wenn Lao Tse sagt: „Alle sind klar, nur ich allein bin trübe", so ist es das, was ich in meinem hohen Alter fühle. Lao Tse ist das Beispiel für einen Mann mit superiorer Einsicht, der Wert und Unwert gesehen und erfahren hat, und der am Ende des Lebens in sein eigenes Sein zurückkehren möchte, in den ewigen unerkennbaren Sinn. Der Archetypus des alten Menschen, der genug gesehen hat, ist ewig wahr. Auf jeder Stufe der Intelligenz erscheint dieser Typus und ist sich selber identisch, ob es ein alter Bauer sei, oder ein großer Philosoph wie Lao Tse. So ist das Alter – also eine Beschränkung. Und doch gibt es so viel, was mich erfüllt: die Pflanzen, die Tiere, die Wolken, Tag und Nacht und das Ewige in den Menschen.*

Unsere Allverbundenheit würdigen

Ich möchte noch einmal auf die Rosine zurückkommen, mit der wir uns zu Beginn dieses Buches vertraut gemacht haben. Wenn wir die Rosine aufmerksam betrachten, bemerken wir, dass dort, wo die Weinbeere mit der Rispe verbunden war, eine Narbe ist. Wenn wir die Essmeditation praktizieren, dann weisen wir darauf hin, denn es ist ein Zeichen dafür, dass diese Rosine, die wir in der Hand halten, nicht einfach aus dem Nichts entstanden ist. Sie hatte eine Verbindung mit etwas Größerem, mit der Pflanze, an der sie gewachsen ist. Aber auch der Weinstock hat die Beere, die schließlich zu einer Rosine wurde, nicht allein hervorgebracht. Er brauchte dafür die passenden Bedingungen, wie Sonnenlicht, Regen, den Boden, die richtige Temperatur. Wir können uns vergegenwärtigen, dass all diese Bedingungen vorhanden sein müssen, um die Rosine hervorzubringen. Das gleich gilt für uns Menschen. Wir haben einen Bauchnabel, der ebenfalls das Zeichen einer früheren Verbundenheit ist. Wir sind auch nicht einfach so auf dem Planeten erschienen, wir kamen aus dem Bauch einer Mutter, jeder von uns. Und eine lange Kette von Ereignissen ist für diesen Moment, den wir jetzt erleben, verantwortlich.

Ein Aspekt der Arbeit mit Achtsamkeit besteht darin, unsere Verbundenheit mit dieser langen Kette von Ereignissen zu würdigen. Das ist wichtig, damit wir unsere eigene Anwesenheit nicht als eine absolute Aussage des Egos missverstehen, das denkt, das Leben gehöre nur ihm selbst. Denn auf einer grundlegenden Ebene unterscheiden wir uns nicht von irgendjemand anderem, es ist EIN Leben, das sich durch uns, durch unseren Körper, ausdrückt. Und das trifft auch für alle anderen Menschen und alle anderen Lebensformen auf dem Planeten zu. Wenn wir in diesem Gewahrsein leben, dann werden wir anders mit der Welt umgehen. Es ist eine Sache, zu fragen, wie die Welt mit uns umgeht, aber es ist genauso wichtig, zu fragen, wie wir mit der Welt umgehen. Denn das eine bedingt das andere: Jeder von uns ist die Welt, jeder von uns ist ein Teil der Welt. Wenn wir wollen, dass sich die Welt verändert, müssen wir mit uns selbst beginnen. Die Veränderung beginnt hier, wo wir sind. Wenn wir uns erlauben, so zu sein, wie wir sind, dann hat die Veränderung schon begonnen, dies ist die tiefste Wandlung, die möglich ist.

Wir spüren die Kraft der Verbundenheit: Wenn sich in einem Moment irgendein Ort verändert, dann hat sich das Ganze verändert. Auf grundlegender Ebene übernehmen wir Verantwortung für die Welt, wenn wir Verantwortung für uns selbst übernehmen. Das bedeutet, dass zum Beispiel Gesundheit weit über den Zustand eines Individuums hinausgeht. Unsere Gesundheit ist direkt mit der Qualität der Luft, die wir atmen, dem Wasser, das wir trinken, und der Nahrung, die wir zu uns nehmen, verbunden. Unsere Gesundheit wird auch davon beeinflusst, ob unsere Lebensgrundlagen giftige Chemikalien enthalten. Viele Aspekte haben mit Prozessen zu tun, die in der Welt geschehen, außerhalb unseres unmittelbaren Einflussbereichs und unserer Erfahrung. Andere Menschen erzeugen die Nahrungsmittel und sorgen dafür, dass wir sauberes Wasser haben und dass die Luft und die Erde in einem guten Zustand sind. All diese Voraussetzungen müssen gegeben sein, wenn wir als Individuen gesund sein wollen.

Wir können nicht wirklich gesund sein, wenn wir in einer Gesellschaft leben, die nicht gesund ist. Deshalb müssen wir auch Verantwortung für unsere Gesellschaft übernehmen und so in der Welt handeln, dass sich die ganze Gesellschaft zu mehr Wohlbefinden und Gleichgewicht entwickelt. Das tun wir, wenn wir Meditation üben und selbst gesund leben. Denn wir übernehmen Verantwortung für den Teil der Welt, der in unserem Wirkungskreis liegt. So verändern wir diesen Teil, den wir beeinflussen können, hin zu einem größeren Maß an Wohlbefinden, Verstehen, Mitgefühl und Klarheit. Das bedeutet aber nicht, dass es nur eine Möglichkeit dafür gäbe. Wir müssen unseren eigenen Weg finden, denn neben der Einheit gibt es auch die Vielheit.

Diese Einzigartigkeit und die Einzelheiten unseres eigenen Wesens sind ebenso wichtig, denn jeder Mensch ist anders. Es ist wichtig, dass wir diese Komplexität wertschätzen und in jedem Teil der Welt außergewöhnliche

Einzelheiten entdecken – das schließt uns selbst und unseren Geist ein. Dies ist auch die Quelle von Dichtung, sie entsteht aus einer Wertschätzung der Einzelheiten, der kostbaren einzigartigen Besonderheiten. Denn wir sind nicht alle gleich und die Phänomene der Welt sind nicht alle gleich. Die Dichter können sich an jeder Blume, jeder Welle, jedem Baum erfreuen und begeistern. In den Einzelheiten sehen sie das Universelle, sie sehen das Besondere in der Soheit und Einzigartigkeit jedes Aspektes der Wirklichkeit. Dies ist eine tiefere Ebene von Weisheit und Verstehen, die auf das Ganze und die Allverbundenheit hinweist.

Den eigenen Weg gehen

Die Meditationspraxis hat also letztendlich das Ziel, dass wir zwischen Einheit und Vielheit, zwischen Gleichheit und Verschiedenheit unseren eigenen Weg gehen. Die vielen verschiedenen Instrumente im Orchester sind nötig, um eine Welt entstehen zu lassen, die uns mit einem Gefühl der Verbundenheit und Bedeutung erfüllen kann. Ein guter Ort, um damit zu beginnen, ist unser eigener Körper und unser Atem in dem einzigen Moment, den wir jemals erleben werden: jetzt. Dabei ist es wichtig, dass wir für das Nicht-Wissen offen sind. Dann können wir unser eigenes Sein wahrnehmen und würdigen. Wir schätzen uns selbst und sind auch mit dem Wert des Weges anderer Menschen verbunden. Wir können das Sein aller anderen Wesen würdigen wie unser eigenes. William Blake schrieb einmal:

> *Um die Welt in einem* ***Sandkorn*** *zu sehn*
> *und den* ***Himmel*** *in einer wilden Blume,*
> *halte die* ***Unendlichkeit*** *auf deiner flachen Hand*
> *und die Stunde rückt in die* ***Ewigkeit.***

Das ist eine wunderbare Beschreibung der Wertschätzung unserer Allverbundenheit und der Wertschätzung der Verschiedenheit.

In einem Gedicht aus dem chinesischen Zen-Text *Mumonkan* (19. Beispiel) heißt es:

> *Hundert Blumen im Frühling, im Herbst der Mond –*
> *Ein kühler Wind im Sommer, im Winter Schnee.*
> *Wenn am Geist nichts Unnützes haftet,*
> *Dies fürwahr ist für den Menschen gute Zeit.*

Wenn wir über das Ganze sprechen, bedeutet dies nicht, dass die Dinge alle gleichgemacht werden. Jeder Aspekt und jede Ebene des Lebens und der Welt hat eine bestimmte Struktur und damit geht eine tiefe Komplexität einher. Und alles befindet sich ständig im Fluss. Es ist ein Naturgesetz, dass sich alles ständig verändert. Nicht nur Menschen werden geboren und sterben, auch Sterne haben einen Anfang und ein Ende. Natürlich haben Sterne eine viel längere Lebenszeit, aber nichts im Universum bleibt gleich. Doch in unserem Leben versuchen wir ständig, alles im Griff zu haben, damit sich die Dinge nicht verändern und wir eine angenehme Ruhe finden können. Wenn wir uns selbst dabei ertappen, dann verstehen wir, dass wir uns gegen das Fließen des Universums wenden. Das ist so, als würden wir versuchen, in einem Strom flussaufwärts zu schwimmen. Wenn sich aber alles ständig verändert, wie können wir dann glauben, dass wir in der Lage sind, das Leben in einem statischen Zustand zu halten? Und nur deshalb, weil wir uns etwas sicherer fühlen wollen.

Durch Achtsamkeit können wir uns für das Fließen und den ständigen Wandel öffnen. Wir entwickeln eine Vertrautheit mit der Komplexität des Lebens und der Systeme, sodass wir in der Tiefe eine darunterliegende Ordnung spüren können – selbst inmitten von Unordnung, Komplexität, Fluss und Veränderung. Diese Verbindung mit dem Wandel bezeichnen die chinesischen Weisen als Verbindung und Übereinstimmung mit dem Tao. Wenn wir in Harmonie mit dem Tao sind, dann sind die Dinge im

Fluss. Wenn wir diese Harmonie verlassen, dann stoppt dieses Fließen und wir erfahren einen Zustand mentalen oder körperlichen Leidens.

In jedem Moment kann unser Leben vollkommen zersplittert erscheinen, wie aus lauter kleinen Bruchstücken zusammengesetzt. Und oft fühlt es sich auch so an, weil wir so vielen verschiedenen Rollen gerecht werden müssen. Ständig werden wir in unterschiedliche Richtungen gezogen. Angesichts all dieser Rollen fragen wir uns: Wer bin ich hinter all diesen Rollen? Wer bin ich wirklich? Wir können uns als vollkommen zersplittert erfahren, aber inmitten dieser Bruchstücke gibt es die Möglichkeit, die Einheit und die Ganzheit wirklich zu verstehen. Das ist aber nur möglich, wenn wir uns nicht mit den einzelnen Rollen identifizieren. Wir erkennen, dass diese Rollen wie der Schaum auf der Welle sind, wenn sie sich dem Ufer nähert. Selbst inmitten dieser Unruhe gibt es eine Ordnung.

Wenn wir unser Leben im Gewahrsein halten, dann verbinden wir uns mit den Kräften des Universums. Auf diese Weise können wir in einer relativen inneren Ordnung und Harmonie leben, statt Chaos und Disharmonie zu erfahren. Diese Haltung im Leben ist eine eigene Form von Yoga, es ist der Yoga eines Lebens an der Grenze zum Chaos. Viele von uns könnten einen Kurs in dieser Form von Yoga gut gebrauchen, denn unser Leben ist sehr kompliziert und läuft in einer enorm hohen Geschwindigkeit ab. Deshalb ist es wichtig, dass wir an unsere Grenzen gehen können und erfahren, was geschieht, wenn wir über diese Grenzen hinausgehen in Chaos und Zersplitterung. Dann können wir wieder einen Schritt zurückgehen, die Ordnung wiederfinden und weitergehen. Der Atem ist ein zutiefst wertvoller Strom der Kontinuität, der uns in der Ordnung bleiben lässt, wenn wir uns an der kreativen Grenze des Chaos befinden. Wenn wir diese Ordnung verlieren, kann uns der Atem auch wieder in jenen Strom zurückbringen.

Es ist sehr wichtig, dass wir eine Wertschätzung für die Vergänglichkeit der Dinge entwickeln, denn oft verfangen wir uns in dem Denken, dass die Dinge unveränderlich seien. Ein unsanftes Erwachen ist dann vorprogrammiert, denn wenn wir denken, dass die Dinge in einer bestimmten Weise sein sollten und eine bestimmte Erwartung haben, wie unser Leben in der Zukunft sein wird, dann werden wir immer enttäuscht werden. Eine tiefe Vertrautheit mit der Vergänglichkeit ist ein Merkmal von Achtsamkeit und ein grundlegendes Element von Weisheit. Wir erkennen, dass wir nicht für immer hier sein werden. Und das kann unser Handeln, solange wir noch hier sind, grundlegend verändern. Wir erkennen, dass jeder Moment unendlich kostbar und unwiederbringlich ist. Dadurch wird sich unser Verhalten in den einzelnen Augenblicken unseres Lebens und in unseren Beziehungen verändern.

Ohne dieses Gewahrsein der Vergänglichkeit kann es leicht geschehen, dass wir die Augenblicke unseres Lebens nicht wirklich wahrnehmen und sie verpassen. Es können Momente mit unseren Kindern, mit unseren Haustieren, bei der Arbeit oder auf unserem Lebensweg sein. Wenn wir nicht wirklich sensibel dafür sind, wie vergänglich die Dinge sind, werden wir sie nicht angemessen würdigen und wertschätzen. Wir werden die einzelnen Momente unseres Lebens nicht schätzen und würdigen und auch uns selbst nicht schätzen und würdigen. Denn jeder Moment ist absolut einzigartig und kostbar und wird so nie wiederkehren. Und er enthält unendliche Möglichkeiten, wenn wir dafür wach und offen sind. Wenn wir diese Wachheit nicht haben, sind wir schon halb tot. Wir sind abgestumpft und können die Schönheit der Welt nicht sehen. Stattdessen sehen wir nur die Unordnung, die Hässlichkeit und den Schmerz der Welt. Aber es ist wichtig, beides in unserem Gewahrsein zu halten: den Schmerz und die Schönheit, das Leiden und die Freude. Beide Aspekte gleichzeitig in unserem Gewahrsein zu halten, das ist die große Herausforderung der Achtsamkeit.

Wenn Geist und Herz miteinander tanzen

Manchmal werde ich gefragt, ob es, wenn wir unseren eigenen Weg wählen, wahrscheinlicher ist, dass wir unsere Ziele erreichen. Und können wir, wenn wir wirklich achtsam sind, überhaupt den falschen Weg wählen?

Ich bin der Ansicht, dass unser Denken über diese Fragen und die Form, wie wir sie oft formulieren, etwas eng gefasst sind. Es gibt Grenzen dafür, in welchem Ausmaß wir unseren eigenen Weg wählen können. Vielleicht glauben wir, dass wir uns entschieden haben, geboren zu werden, aber das lässt sich genauso gut anzweifeln. Was wir wissen ist, dass wir jetzt hier sind und in gewisser Hinsicht eine recht große Entscheidungsfreiheit haben. Doch in anderer Hinsicht gibt es vielleicht etwas, das entscheidet, was uns begegnen wird. Hier eine letztendliche Antwort zu geben, ist schwierig.

Es beeindruckt mich manchmal sehr, wenn ich sehe, dass wir bei nur leicht veränderten Bedingungen nicht dem Weg gefolgt wären, den wir tatsächlich gegangen sind. Was auch immer die Gründe gewesen sein könnten – zum Beispiel, wenn wir die Frau oder den Mann nicht getroffen hätten, die oder den wir geheiratet haben. Dann hätten wir auch nicht die Kinder, die wir jetzt haben. Oder wir wären nicht zum rechten Zeitpunkt am richtigen Ort gewesen, um den Job zu bekommen, den wir jetzt haben. Vielleicht haben wir am richtigen Tag in die Zeitung geschaut oder jemand hat uns angerufen und zum rechten Zeitpunkt erreicht. Wie würde unser Leben aussehen, wenn wir diesen Job nicht bekommen hätten? Wer wären wir dann?

Die Frage, wie der eigene richtige Lebensweg aussieht, geht sehr tief und lässt sich nicht leicht beantworten. Wir sollten nicht so verblendet sein zu denken, dass wir die völlige Kontrolle über unser Schicksal hätten. Denn das ist offensichtlich nicht der Fall. Das Problem an dieser Haltung ist nicht das Schicksal, sondern eine bestimmte Art von Besitzanspruch.

Achtsamkeit zeigt uns eher das Bild eines Tanzes. Wir machen unsere Tanzschritte und sehen, was passiert. Dieser Tanz ist eine Improvisation und zum großen Teil völlig unvorhersehbar. In gewisser Weise ist es also nicht möglich, den falschen Weg zu wählen. Wenn wir bereit sind, dort zu sein, wo wir sind, in jedem Moment, dann kann alles, was wir tun, und alles, was uns geschieht, als die richtige Gelegenheit gesehen werden. Es kann genau die richtige Medizin sein, die wir in diesem Moment brauchen, um zur nächsten Ebene von Verstehen und Sein emporzuwachsen.

Dann können selbst schwierige Dinge Gelegenheiten werden, um den nächsten Schritt auf der Reise des Menschseins zu gehen. Darauf hat auch C. G. Jung in dem Text hingewiesen, den ich vorhin zitiert habe. Als er älter wurde, hatte er das Gefühl, immer weniger zu verstehen. Dabei müssen wir bedenken, dass es sich hierbei um einen Mann handelt, der zu einer tiefen Einsicht und einem grundlegenden Verständnis des Geistes gelangt ist. Durch seine Arbeit hat er einen wichtigen Aspekt der westlichen Zivilisation und Kultur verändert. Unser Verständnis vom Geist und seiner Beziehung zu Formen, Symbolen und Archetypen wurde durch C. G. Jung erhellt. Aber am Ende seines Lebens schreibt er diesen demütigen Satz über das Nicht-Wissen. Auch Einstein fühlte so, er spürte Demut angesichts dessen, was wir nicht wissen und womöglich nie wissen werden.

Wir können den menschlichen Geist vielleicht auch so verstehen, dass das Universum sich durch unseren Geist selbst betrachtet. Vielleicht hat das Universum viele Möglichkeiten dafür, aber wir sind eine davon, eine wunderbare Möglichkeit, wie es sich selbst betrachten kann. Manchmal denke ich, wir sollten uns selbst mehr dafür wertschätzen, dass wir uns mit dem verbinden, was uns unsere tiefste Intuition sagt; wenn wir unserem Herzen folgen statt unserem Kopf. Denn wenn der Kopf die Richtung vorgibt, dann schaffen wir oft weit mehr Schwierigkeiten für uns selbst und die Welt. Wir können selbstzerstörerische Entscheidungen treffen, die zu schmerzvollen Konsequenzen führen. Und das tun wir auch – sehr häufig.

Wenn aber Geist und Herz wirklich zusammen tanzen, dann kann unser Weg ein Weg des Herzens werden. Dann können wir auf diesem Weg große Lebendigkeit erfahren. Diese Wachheit, diese Herzlichkeit und diese Achtsamkeit sind vielleicht das Wichtigste in unserem Menschsein, das nur ein Aufscheinen, ein Sekundenbruchteil ist, wenn wir es im Kontext der geologischen Zeit des Universums sehen. Aber ein Sekundenbruchteil, den wir nicht verpassen sollten. Das ist unsere Herausforderung: unser Leben vollkommen und erfüllt zu leben.

12 Geführte Meditationen

Eine Sitzmeditation

Eine der schönsten und bekanntesten Formen der Meditation ist die Sitzmeditation. Das heißt, wir üben diese Praxis im Sitzen, in einer aufrechten und würdevollen Haltung. Es ist eine bestimmte Form des Sitzens, bei der es um Gewahrsein und Wachheit geht. Manche Menschen denken, Meditation sollte entspannend sein, weshalb wir eine besonders entspannte Haltung einnehmen sollten. Wir hingegen betonen, dass wir dabei aufrecht sitzen, mit einem Gefühl der Würde. Nicht angespannt mit einer Art militärischer Strenge, aber auch nicht vollkommen locker oder zurückgelehnt im Sessel. Stattdessen sitzen wir in einer angenehmen Haltung, wobei die Wirbelsäule und der Hals aufrecht und in Balance sind. Die Schultern und Hände sind entspannt. Es gibt zwei Möglichkeiten für die Sitzhaltung: Wir können einen Stuhl mit einer geraden Rückenlehne benutzen oder wir können auf dem Boden sitzen. Ich sitze auf dem Boden auf einem Meditationskissen oder *Zafu*, ein großes rundes, gut gefülltes Kissen (am besten mit Kapok), sodass das Gesäß ein gutes Stück vom Boden entfernt ist. So können wir mit gekreuzten Beinen sitzen, wobei die Knie und die Unterschenkel vor uns auf dem Boden ruhen.

Ich habe es mir so angewöhnt, aber es ist sicher keine Voraussetzung, um die Sitzmeditation zu üben. Fast alle Patienten in unserer Klinik sitzen auf Stühlen, wenn sie mit der Meditation beginnen. Wichtig hierbei ist nicht so sehr, ob man auf dem Boden oder auf einem Stuhl sitzt, sondern vielmehr die innere Haltung, mit der man sitzt und meditiert. Wenn das aufrechte Sitzen schwierig für Sie ist, weil Sie an der Wirbelsäule operiert wurden oder Probleme mit dem unteren Rücken oder dem Hals haben, dann können Sie auch eine andere Haltung wählen, eine, die für Sie angenehm ist. Sie können die Meditation beispielsweise auch im Liegen üben.

Ich werde die Sitzmeditation nun anleiten, damit Sie ein inneres Gefühl dafür bekommen, was diese Praxis bewirkt. Dann können Sie selbst überlegen, wie Sie diese Praxis regelmäßig in Ihr Leben integrieren.

Übung „Sitzmeditation"

Die Anleitung für die folgende Übung finden Sie auf CD 1.

Wir beginnen die Meditation damit, dass wir unseren Körper zur Ruhe kommen lassen. Wir setzen uns an einen angenehmen Ort, wo wir nicht gestört werden, und nehmen eine Haltung ein, die Würde verkörpert. Dabei sind der Rücken, der Hals und der Kopf aufrecht. Wenn wir uns nicht sicher sind, ob unsere Schultern entspannt sind, können wir sie noch einmal bis zu den Ohren hochziehen und dann wieder fallenlassen. Dann finden wir eine bequeme Haltung für unsere Hände: Wir können sie im Schoß übereinanderlegen oder sie mit den Handflächen nach oben oder unten auf die Knie legen. Wir können unsere Hände in verschiedenen Positionen halten, wichtig dabei ist, dass es bequem für uns ist. Wenn wir am frühen Morgen oder in einer kühlen Umgebung üben, dann können wir uns mit einer Decke umhüllen. So bleiben wir warm und konzentrieren unsere Energien. Wenn es angenehm für uns ist, können wir die Augen schließen. (…)

Wir werden uns des Fließens unseres Atems bewusst, wir spüren, wie der Atem in unseren Körper einströmt und ihn wieder verlässt, während wir hier sitzen.

(...)

Ein großer Teil der Unruhe im Geist steht mit dem Kopfbereich in Verbindung. Deshalb ziehe ich es in meiner eigenen Praxis vor, meine Aufmerksamkeit im Bauch zu konzentrieren. Ich spüre, wie sich mein Bauch beim Einatmen erweitert und beim Ausatmen wieder zurücksinkt.

(...)

Ich verfolge diese Bewegung, wenn der Atem in mich einströmt und mich wieder verlässt. Manchmal konzentriere ich mich aber auch auf die Luft, die ich an den Nasenlöchern hereinströmen fühle. Dies ist auch eine gute Möglichkeit, die aber unsere Aufmerksamkeit auf den Kopf richtet. Wenn wir eine Stabilität unserer Aufmerksamkeit erreichen wollen, dann ist es vor allem am Anfang gut, den Fokus nach unten auf den Bauch zu lenken, zum Schwerkraftzentrum des Körpers. Dann können wir unser Gewahrsein einfach dort verweilen lassen. Dabei sind wir uns des Fließens des Atems bewusst, wir spüren die Bewegung des Bauches. Für die volle Dauer des Einatmens und des Ausatmens.

(...)

Wir verweilen einfach in der Stille und suchen nichts. Nichts Bestimmtes muss geschehen. Wir suchen keinen besonderen Zustand, den wir erfahren oder fühlen sollten. Darum geht es nicht. Es geht darum, hier und jetzt in diesem Moment zu sein. Mit allem, was sich zeigt, genauso, wie es ist. Es ist in Ordnung, wenn wir Hintergrundgeräusche hören. Im Feld unserer Aufmerksamkeit fließt der Atem. Wenn der Geist aus irgendeinem Grund abgelenkt wird, bringen wir ihn sanft wieder zurück, wenn wir es bemerken. Immer wieder, mit einer Haltung des Wohlwollens und der Sanftheit. Wir akzeptieren einfach, dass der Geist so ist wie er ist. Er wird abgelenkt. Wir sind nicht schlecht, weil wir es entdeckt haben. In der Meditation ist es wichtig, den Geist immer wieder zurückzubringen und ihn auf den Atem zu richten.

Wir gehen über alles Tun hinaus und verweilen einfach in der Wirklichkeit dieses Moments, so wie er sich entfaltet. Dabei nutzen wir den Atem als die wichtigste Erfahrung, auf die wir unsere Aufmerksamkeit richten, während wir eine aufrechte, würdevolle, wache und präsente Haltung bewahren. Sitzen, einfach nur hier sitzen. Sein.

(...)

Wenn wir an dieser Übung nicht interessiert sind, wenn es einen Teil in uns gibt, der sich dagegen wehrt, dann wird diese Übung natürlich eine reine Qual sein. Dann sollten wir damit aufhören. Aber wenn es in uns irgendeine Intuition gibt, die auf die Idee von Achtsamkeit eine Resonanz zeigt, ein Gespür, das die möglichen Ressourcen erkennt, die ein innewohnender Aspekt unseres Seins und unseres Lebens sind, dann kann diese Übung des einfachen Sitzens für uns bedeutungsvoll werden. Wir versuchen nicht, irgendwo hinzukommen. Wir müssen nicht meditieren, um uns zu verbessern. Mit solchen Motivationen werden wir die Meditationspraxis nicht lange üben. Das Entscheidende bei der Übung ist, eine gewisse Begeisterung für unsere eigene Lebendigkeit, unsere eigene Kreativität, unser eigenes Genie zu entfachen. Diese Lebendigkeit und diese Kreativität sind jetzt und hier, in diesem Atem, in diesem Moment. Sie sind hier in der Stille, unter all unseren Gedanken, Ideen und Meinungen. Mit dieser Haltung begeben wir uns in die Stille, in die Ruhe, in das Schweigen. Wir bleiben in unserer aufrechten Haltung und nehmen sie wieder ein, wenn wir sie in irgendeiner Weise verlassen haben. (...)

Wir laden uns ein, in diesem Moment zu bleiben und kommen immer wieder in den gegenwärtigen Moment zurück. In diesen Moment. Und in diesen. Und diesen. Und diesen ... So wie er ist. (...) Und natürlich verändern sich die Momente ständig. Jedes Mal gilt also aufs Neue: So wie er ist. Dieser Moment. Jetzt. (...) Dieser Atemzug.

(...)

Wir achten darauf, wo in diesem Moment unser Geist ist. Verweilt er beim Atem? Wenn nicht, wo ist er dann? Es ist vollkommen in Ordnung, wenn unsere Aufmerksamkeit nicht ununterbrochen auf den Atem gerichtet ist.

Aber können wir uns dessen bewusst sein, was in unserem Geist vor sich geht? Und können wir es wieder loslassen? Können wir es einfach sein lassen, was immer in unserem Geist erscheint? Und können wir zum Atem zurückkommen? (…) Allein dies ist eine tief greifende Bestätigung unseres Selbstwerts, unserer Standhaftigkeit. Vielleicht spüren wir es auch in der Haltung selbst, wenn wir so sitzen. Im Körper spüren wir eine gewisse Stärke und Präsenz, die Merkmale der Wachheit sind. Wir bringen Geduld zum Ausdruck, ohne sie könnten wir nicht still sitzen. Weisheit zeigt sich, wenn wir uns nicht in den Strudeln des Geistes verlieren. (…) Wir bringen Großzügigkeit und Selbstmitgefühl zum Ausdruck, weil wir uns selbst Zeit geben, in der wir nichts tun müssen. Wir baden in der Stille. Wir atmen die Stille ein. Auch wenn unser Leben sehr geschäftig ist, mit vielen Pflichten und Anforderungen, denen wir gerecht werden müssen. Wir verdienen diese Stille und wir bestätigen es, wenn wir so in der Stille sitzen. Wir lassen den Rest der Welt sich entfalten und lassen geschehen, was geschieht. Hier sitzen wir und sind einfach still. Alles ist so, wie es ist. Wir bestehen nicht darauf, dass sich irgendetwas verändern müsste. Wie könnte es anders sein, als es schon ist? Jetzt und hier. Dieser Atem. Dieser Moment.

(…)

Mit der Zeit spüren wir vielleicht eine unangenehme Empfindung im Körper und fragen uns, ob wir unsere Haltung verändern sollten. Natürlich ist das jederzeit möglich. Aber bevor wir das tun, bemerken wir, wie sich unser Körper anfühlt. Wenn wir mit gekreuzten Beinen auf dem Boden sitzen, spüren wir vielleicht Schmerzen in den Knien oder im unteren Rücken. Selbst wenn wir auf einem Stuhl sitzen, können die Schultern und der Rücken müde werden und wir bemerken, dass wir uns zur Seite oder nach vorn neigen. Natürlich ist es jederzeit möglich, die Haltung bei unangenehmen Gefühlen zu verändern, aber es ist auch eine wertvolle Erfahrung, wenn wir es nicht tun. Stattdessen begeben wir uns wieder in die aufrechte, würdevolle Sitzhaltung. Wir verweilen einfach mit dieser unangenehmen Empfindung, wenn sie nicht zu intensiv wird. Wir atmen damit und lassen sie einen Teil unseres Gewahrseins sein. Wir müssen nicht sofort darauf reagieren und davor flüchten. Diese Erfahrung kann auch in anderen Bereichen des Lebens sehr wertvoll sein. All die formellen Meditationsübungen sind wie ein Labor für den Umgang mit verschiedenen Aspekten der Verbindung zwischen Körper und Geist. Wir können eine tiefere Weisheit, innere Balance, Stärke, Flexibilität und Heilung kultivieren. Wenn sich unangenehme Empfindungen zeigen, können wir damit experimentieren und diese unangenehmen Empfindungen einfach da sein lassen. Auch Langeweile kann aufkommen, was ein noch größeres Hindernis ist als unangenehme Körperempfindungen. Aber auch das ist kein Problem, wir lassen die Langeweile einfach da sein. Wir bleiben beim Atem. Es ist nicht so, dass Langeweile nicht da sein darf. Es ist lediglich ein weiterer Geisteszustand. Der Geist will unterhalten werden. Wir aber verweilen beim Fluss des Atems, im Gefühl des Körpers, der hier sitzt und atmet. (…) In diesem Moment. Wir lehnen nichts ab. Wir wollen nichts. Wir urteilen nicht. Wir machen keine Pläne und stellen keine Vergleiche an. Wir kehren einfach zum Sein zurück. Wir kehren hier und jetzt zum Sein zurück. Jetzt. Egal, was in unserem Geist vor sich geht. Egal, was im Körper geschieht. Dieser Moment. Dieser Atemzug. (…) Das Einatmen, das Ausatmen.

(…)

Weiterhin achten wir darauf, wo unser Geist ist. Sind wir abgelenkt oder sind wir jetzt hier beim Atem? Wir lassen die Vergangenheit los, wir lassen die Zukunft los. Wir sind hier, in diesem Moment. Jeder Atemzug ist ein neuer Beginn, jeder Moment ein neuer Moment.

(…)

Bevor wir diese Sitzmeditation beenden, können wir, wenn wir möchten, das Feld unseres Gewahrseins um unseren Atem herum erweitern, bis es ein Gefühl unseres Körpers als eines Ganzen umfasst. Wir sitzen hier, spüren die Berührung mit dem Stuhl oder mit dem Boden. Wir spüren die gesamte Hülle unserer Haut und nehmen wahr, dass auch sie atmet. Überall auf der Haut spüren wir Empfindungen, die wir meistens gar nicht wahrnehmen. Wir spüren jetzt den ganzen Körper, wie er hier sitzt. Dabei halten wir unsere aufrechte, würdevolle, stabile Haltung. (…) Die Stille zwischen zwei Tönen. Jetzt und hier. In der Stille. (…)

Wenn wir aus irgendeinem Grund vom Atem abgeschweift sind, können wir in der verbleibenden Minute eine Entschlossenheit in uns finden, dass wir vollkommen präsent sein werden. Vollkommen verbunden mit dem Atem, mit dem Körper. Mit dem Atem, der in den Körper hineinströmt. Der Atem, der uns in diesem Moment unseres sich entfaltenden Lebens umarmt. Moment für Moment. Atemzug für Atemzug.

Eine Meditation der liebenden Güte

Übung „Liebende Güte"

Die Anleitung für die folgende Übung finden Sie auf CD 1.

Nehmen wir uns einige Momente Zeit, um eine bequeme Haltung zu finden, entweder im Sitzen oder im Liegen. Wir können auch eine andere Haltung einnehmen, die bequem für uns ist. (...)

Lassen wir nun den Atem, den Körper und den Geist im Einklang schwingen, Moment für Moment. Sie verschmelzen miteinander in einem offenen Feld des Gewahrseins. (...)

Nun können wir die Gesamtheit unseres Wesens im Gewahrsein umarmen, jenseits unserer Ideen von uns selbst. Wir schaffen Raum für diesen Moment, genauso, wie er ist. Wir schaffen Raum für uns selbst, genauso, wie wir in diesem Moment sind. Wir müssen keine Bezeichnungen für uns finden, wir sind einfach nur ein Mensch, der hier sitzt oder liegt. Irgendwo im Verlauf des Weges, den wir unser Leben nennen. Der Atem und das Gewahrsein halten sanft dieses Wesen, das wir selbst sind. Sie umarmen dieses Wesen in seiner Ganzheit. Unser Gewahrsein ist wie eine Mutter, die ihr Kind in den Armen hält und es sanft an ihre Brust nimmt. (...)

Wir können uns nun vorstellen, wir würden wie ein Kind in einer Wiege liegen, in der Wiege des Gewahrseins. Und der Atem bewegt diese Wiege. Das Gewahrsein umfasst unser Wesen in seiner ursprünglichen Unschuld. In seiner Reinheit, in seiner Offenheit und Verwundbarkeit. Wir wiegen uns mit dem Atem. Wir halten diesen Moment und werden von diesem Moment gehalten. Mit vollkommener Offenheit, Akzeptanz, Zärtlichkeit und Güte. (...) Wir geben uns selbst die Erlaubnis, in Ordnung zu sein, genauso, wie wir in diesem Moment sind. Wir lassen nicht nur die Vergangenheit los, sondern wir vergeben, so wie eine Mutter es mit ihrem Kind tun würde, wir vergeben, indem wir die Vergangenheit loslassen. Dabei gibt es überhaupt keinen Grund, uns Sorgen um den nächsten Moment zu machen. Und wir müssen uns auch in all den kommenden Momenten keine Sorgen um die Zukunft machen. Wir verweilen einfach in der Sicherheit dieses Moments. Dieser Moment, der in sich vollkommen und sicher ist und fest in seiner Umarmung. (...) Wir sind geborgen in der Stille dieses Moments, gehalten und gewiegt. Gehalten und gewiegt vom Atem, von unserer Bereitschaft, einfach präsent zu sein. (...)

Mit Güte und Mitgefühl, nicht nur für uns selbst, sondern ganz besonders für uns selbst. Wir lassen das Gefühl der Güte, des Mitgefühls und der Akzeptanz für die Dinge, so wie sie sind, sich erweitern. Dieses Mitgefühl strahlt von unserem Körper in alle Richtungen aus, bis diese Umarmung alle umfasst, die wir kennen und lieben – in der Gegenwart und in der Vergangenheit, noch am Leben oder schon verstorben. Und vielleicht können wir auch künftige Generationen mit diesem Mitgefühl umfassen. Und vielleicht auch Menschen, die wir in anderen Zusammenhängen kennen und Menschen, die wir gar nicht kennen. Wir können ihr Sein wertschätzen. (...)

Wir strahlen Fürsorge aus und wünschen ihnen alles Gute, während sie mit den Schwierigkeiten in ihrem Leben umgehen müssen und ihre Last tragen. (...) Und wir gehen auch darüber hinaus, in das, was Einstein die ganze Natur und ihre Schönheiten nannte. Der Atem bewegt sich frei durch den Körper und über den Körper hinaus, in Verbundenheit mit dem Ganzen. Mit allen Wesen der Erde und darüber hinaus. Nichts existiert in

Isolation. Alles gehört in diese Welt, alles hat seinen Platz. Auch jeder von uns. Auch wir gehören an diesen Ort, an dem wir uns wiederfinden. In diesem Moment. (…) Dabei wissen wir nur zu gut, dass er sich ständig verändert. Wir halten das Ganze in der Stille. Und in einem Gefühl der Dankbarkeit und Wertschätzung für unsere Fähigkeit zu sehen, zu fühlen, uns zu bewegen, zu lieben, zu lernen, zu wachsen und zu heilen. Moment für Moment lassen wir die Wiege mit dem Atem schaukeln. Wir spüren das Schaukeln und umarmen uns selbst mit Güte und umarmen die Welt mit Güte. (…)

Wenn Sie möchten, können Sie noch einige Minuten mit Ihrem Atem und Ihrer Erfahrung in der Stille verweilen.

(…)

Abschließen möchte ich dieses Programm mit zwei Gedichten, die für mein Gefühl dem Abenteuer der Achtsamkeit auf besondere Weise Ausdruck verleihen. Ich wünsche Ihnen eine gute Reise!

William Butler Yeats, aus:
Dialog zwischen dem Selbst und der Seele

Ich will jedem Ereignis bis zu seiner Quelle folgen,
im Handeln wie im Denken;
das Schicksal annehmen; mein Schicksal vergeben!
Wenn ich die Reue loslasse,
strömt Süße in meine Brust.
Wir müssen lachen und singen,
wir sind von allem gesegnet,
alles, was wir sehen, ist gesegnet.

Derek Walcott: *Liebe nach Liebe*

Die Zeit wird kommen,
wo du mit Schwung
dich selbst an deiner eigenen Tür
begrüßen wirst, in deinem eigenen Spiegel,
und jeder wird beim Gruß des anderen lächeln
und sagen, setz dich hier hin. Iss.
Du wirst wieder den Fremden lieben, der du warst.
Gib Wein. Gib Brot. Gib dein Herz sich selbst
zurück, dem Fremden, der dich geliebt hat
dein ganzes Leben, den du wegen eines anderen
übersahst, der dich inwendig kennt.
Nimm die Liebesbriefe vom Bücherbord herunter,
die Fotografien, die verzweifelten Zeilen,
pelle dein Bild vom Spiegel ab.
Setz dich. Schmause von deinem Leben.

Inhalt der CDs

Geführte Meditationen (CD I)

1	Den Atem fühlen	13 Minuten
2	Bodyscan	28 Minuten
3	Sitzmeditation	20 Minuten
4	Liebende Güte	11 Minuten

Yoga-Übungen (CD 2)

1	Yoga im Stehen	7 Minuten
2	Yoga im Stehen (Beckenschaukel)	2 Minuten
3	Yoga im Stehen	4 Minuten
4	Yoga im Stehen (Schulterdrehung)	6 Minuten
5	Yoga im Liegen	5 Minuten
6	Yoga im Liegen	4 Minuten
7	Yoga im Liegen	2 Minuten

Quellen

Antonovsky, A., *Salutogenese. Zur Entmystifizierung der Gesundheit.* Tübingen: Dgvt-Verlag, 1997

Blake, W., *Zwischen Feuer und Feuer: Poetische Werke.* Zweisprachige Ausgabe. München: dtv, 2007

Campbell, J., Moyers, B., *Die Macht der Mythen* (2 DVDs). München: Nymphenburger Verlag, 2013

Dante, *Die Göttliche Komödie.* München: dtv, 1997

Dumoulin, H., *Mumonkan, Die Schranke ohne Tor. Meister Wu-men's Sammlung der 48 Kôan.* Mainz: Grünewald Verlag, 1975

Eliot, T.S., Textauszug aus „Little Gidding", in ders.: *T.S. Eliot, Werke 4: Gesammelte Gedichte 1909 – 1962.* Herausgegeben und mit einem Nachwort von Eva Hesse. S. 335. © Suhrkamp Verlag Frankfurt am Main 1972/1988. Alle Rechte bei und vorbehalten durch Suhrkamp Verlag Berlin.

Hanh, T. N., *Das Wunder der Achtsamkeit.* Berlin: Theseus Verlag, 2005

Jung, C. G., *Erinnerungen, Träume, Gedanken.* Olten: Walter-Verlag,1993

Kabat-Zinn, J., Davidson, R. J., *Die heilende Kraft der Meditation.* Freiburg: Arbor Verlag, 2012

Kabat-Zinn, J., *Gesund durch Meditation.* München: O.W. Barth Verlag, 2011

Kabat-Zinn, M., Kabat-Zinn, J., *Mit Kindern wachsen*. Freiburg: Arbor Verlag, 2007

Kabat-Zinn, J., *Zur Besinnung kommen*. Freiburg: Arbor Verlag, 2006

Kabat-Zinn, J., *Bei sich selbst zuhause sein*. Freiburg: Arbor Verlag, 2008

Kabat-Zinn, J., *108 Momente der Achtsamkeit*. Freiburg: Arbor Verlag, 2009

Kabat-Zinn, J., *Achtsamkeit für Anfänger*. Freiburg: Arbor Verlag, 2013

Kabīr, *Im Garten der Gottesliebe: 112 Gedichte des indischen Mystikers des 15. Jahrhunderts*. (ISBN 978-3-932337-17-8). Heidelberg: Werner Kristkeitz Verlag, 2005 (www.kristkeitz.de)

Ornish, D., *Revolution in der Herztherapie: Der Weg zur vollkommenen Gesundheit*. Bielefeld: Lüchow Verlag, 2010

Pascal, B., *Gedanken*. Köln: Anaconda Verlag, 2011

Rilke, R. A., *Die Gedichte in einem Band*, aus: *Das Stundenbuch*. Frankfurt a.M.: Insel Verlag, 1986

Rūmī, M.D., *Von Allem und von Einem*. Übersetzerin: Annemarie Schimmel, München: Diederichs Verlag in der Verlagsgruppe Random House GmbH, 1988

Thoreau, H. D., *Walden oder Leben in den Wäldern*. Zürich: Diogenes Verlag, 1979

Walcott, D.: *Liebe nach Liebe*, in ders.: *Erzählungen von den Inseln. Herausgegeben und übersetzt von Klaus Martens*. München: Carl Hanser Verlag, 1993

Whyte, D., *The Heart Aroused. Poetry and the Preservation of the Soul in Corporate America*. New York: Crown Business, 1996

Bei einigen Texten war es trotz gründlicher Recherche nicht möglich, die Inhaber der Rechte ausfindig zu machen. Honoraransprüche bleiben bestehen.

Über den Autor

Jon Kabat-Zinn, PhD, ist Professor Emeritus für Medizin an der University of Massachusetts Medical School. Er ist der Begründer des Center for Mindfulness in Medicine, Health Care and Society und der weltweit angesehenen Mindfulness-Based Stress Reduction (MBSR) Clinic. Er ist Autor zahlreicher Bestseller, die in mehr als dreißig Sprachen übersetzt wurden.

Jon Kabat-Zinn machte seinen Doktor in Molekularbiologie am MIT (Massachusetts Institute of Technology) im Labor des Nobelpreisträgers Salvador Luria, MD. In seiner Forschungskarriere konzentrierte er sich auf die Geist/Körper-Interaktionen bei der Heilung und den klinischen Anwendungen des Achtsamkeitstrainings für Menschen mit chronischen Schmerzen und mit Stress verbundenen Störungen. Dazu gehörten auch die Wirkungen von MBSR auf das Gehirn, und wie es Emotionen verarbeitet, besonders unter Stress, und auf das Immunsystem (zusammen mit Dr. Richard J. Davidson und Kollegen an der University of Wisconsin). Die Arbeit von Jon Kabat-Zinn hat zu einer wachsenden Bewegung beigetragen, durch die Achtsamkeit auch in großen Institutionen wie Krankenhäusern, Schulen, Unternehmen, Gefängnissen und Profi-Sport-Verbänden angewendet wird. Medizinische Einrichtungen in der ganzen Welt bieten heute Achtsamkeitstrainings und MBSR-Kurse an.

Jon Kabat-Zinn hat im Laufe seiner Karriere viele Preise gewonnen, vor einigen Jahren den Distinguished Friend Award (2005) von der Association for Behavioral and Cognitive Therapies; einen Inaugural Pioneer in Integrative Medicine Award (2007) vom Bravewell Philanthropic Collaborative for Integrative Medicine; und den Mind and Brain Prize (2008) vom Center for Cognitive Science der Universität Turin.

Er ist Gründer und Vertreter des Consortium of Academic Health Centers for Integrative Medicine und Mitglied des Leitungsgremiums des Mind and Life Institute. Zu seinen jüngsten Projekten zählen die Herausgabe (mit Richard J. Davidson) von *The Mind's Own Physician: A Scientific Dialogue with the Dalai Lama on the Healing Power of Meditation* (dt. erschienen als *Der innere Arzt des Geistes*) und die Herausgabe (mit Mark Williams von der Oxford University) einer Spezialausgabe der Fachzeitschrift *Contemporary Buddhism* (volume 12, issue 1, 2011 (dt. erschienen als *Achtsamkeit. Ihre Wurzeln, ihre Früchte*) über das Thema der Achtsamkeit aus verschiedenen klassischen und klinischen Perspektiven. Zusammen mit seiner Frau, Myla Kabat-Zinn, unterstützt er Initiativen für achtsame Erziehung und für Achtsamkeit in der Schulbildung.

Lienhard Valentin

Lienhard Valentin hat den Text der beiden beiliegenden CDs gesprochen und bearbeitet. Er praktiziert seit 30 Jahren *Vipassanā*-Meditation und ist als Achtsamkeitslehrer, Gestaltpädagoge und Buchautor international in der Integration von Achtsamkeit und Mitgefühl in Familie, Therapie und Gesellschaft tätig.

1997 lud er Jon Kabat-Zinn das erste Mal nach Deutschland ein und organisiert seitdem Weiterbildungen für das Center for Mindfulness im deutschsprachigen Raum.

Weitere Literatur aus dem Arbor Verlag

Jon Kabat-Zinn

Achtsamkeit für Anfänger

In diesem Buch zeigt uns Jon Kabat-Zinn, wie wir die Praxis der Achtsamkeit in unser Leben integrieren können. Mit seinen begleiteten Übungen und Meditationen bietet *Achtsamkeit für Anfänger* einen Einstieg für all jene, die mit der Achtsamkeitspraxis noch wenig oder gar keine Berührung hatten. Doch auch den Freunden seiner Arbeit und den Teilnehmern von MBSR-Kursen vermag dieses grundlegende CD-Buch ein täglicher Begleiter auf dem Weg der Achtsamkeitspraxis zu sein.
Die beigefügte Audio-CD lädt uns ein, die Praxis der Achtsamkeit zu entfalten und im Moment zu verweilen. Genau hier, genau jetzt – um so das wahre Potential unseres Menschseins auszuloten.
Wer praktisch in die Welt der Achtsamkeit eintauchen will, findet in diesem Einführungsprogramm alles, was er braucht. Das Basiswerk für alle, die sich für Achtsamkeit interessieren.

Achtsamkeit für Anfänger ist seit Jahren eines der meistverkauften Bücher im Arbor Verlag. In dieser 2013 komplett neuen Ausgabe wurde das Werk grundlegend überarbeitetet, umfangreich erweitert und neu eingesprochen von Lienhard Valentin. Als Geschenk an seine deutschen Leserinnen und Leser spricht Jon Kabat-Zinn die einführende Essmeditation in deutscher Sprache.

ISBN 978-3-86781-100-2

Jon Kabat-Zinn

Zur Besinnung kommen

Die Weisheit der Sinne und der Sinn der Achtsamkeit in einer aus den Fugen geratenen Welt

Unsere Gesundheit und unser Wohlergehen stehen auf dem Spiel, wenn es uns nicht gelingt, in dieser aus den Fugen geratenen Welt wieder zur Besinnung zu kommen, als Individuen und als menschliche Gemeinschaft. Dies ist die zentrale These des bekannten Verhaltensmediziners und Meditationslehrers Prof. Dr. Jon Kabat-Zinn, dessen Programm der „Stressbewältigung durch die Praxis der Achtsamkeit" (MBSR) weltweit in immer mehr Universitätskliniken, Krankenhäusern, Gesundheitszentren, aber auch in wirtschaftlichen und politischen Institutionen erfolgreich praktiziert wird.

Wir haben weitgehend den Kontakt verloren zur wahren Wirklichkeit dessen, was wir in unserer Tiefe und in allen unseren Möglichkeiten sind; ebenso zu unserem Körper und zu den „Körperschaften" unserer gesellschaftlichen und politischen Institutionen. Diese Entfremdung von dem, was wirklich ist, macht uns und unsere Gesellschaft auf die Dauer krank.

Das Tor, durch das wir erneuten Zugang zu unserem inneren Potential, zu unserem Körper, unseren Gefühlen, unseren Mitmenschen und unseren Organisationen gewinnen können, ist das unserer Sinne – und zu denen zählt der Autor aus buddhistischer Sicht auch den denkenden Geist.
Der Königsweg zu dieser Belebung der Weisheit der Sinne ist die Achtsamkeit. Ihre heilsame Kraft ist in der buddhistischen Meditationspraxis seit zweieinhalb Jahrtausenden erforscht, erprobt und angewendet worden. Dieses Buch zeigt, wie wir mit Hilfe dieser Praxis wieder zur Besinnung kommen und mit allen Sinnen zu einem gesunden und erfüllten Leben in der Gemeinschaft finden können.

ISBN 978-3-936855-82-1

Online

Umfangreiche Informationen zu unseren Themen, ausführliche Leseproben aller unserer Bücher, einen versandkostenfreien Bestellservice und unseren kostenlosen Newsletter. All das und mehr finden Sie auf unserer Website.

www.arbor-verlag.de

Mehr von Jon Kabat-Zinn

www.arbor-verlag.de/jon-kabat-zinn

Seminare

Die gemeinnützige *Arbor-Seminare gGmbH* organisiert regelmäßig Seminare und Weiterbildungen mit führenden Vertretern achtsamkeitsbasierter Verfahren. Nähere Informationen finden Sie unter:

www.arbor-seminare.de